岐路に立つ
日本の社会保障

ポスト・コロナに向けての法と政策

Shuhei Ito
伊藤周平

日本評論社

岐路に立つ日本の社会保障
―ポスト・コロナに向けての法と政策―

略語一覧

1　文献

伊藤・介護保険法	伊藤周平『介護保険法と権利保障』（法律文化社、2008年）
伊藤・消費税	伊藤周平『消費税増税と社会保障改革』（ちくま新書、2020年）
伊藤・社会保障法	伊藤周平『社会保障法―権利としての社会保障の再構築に向けて』（自治体研究社、2021年）
笠木ほか・コロナと法	笠木映里・西平等・藤谷武史・山本龍彦・米田雅宏・米村滋人編『法律時報増刊・新型コロナウイルスと法学』（日本評論社、2022年）

2　判例等

〔判決〕

最大判＝最高裁判所大法廷判決

最判＝最高裁判所小法廷判決

札幌高判＝札幌高等裁判所判決

東京地判＝東京地方裁判所判決

〔決定〕

最決＝最高裁判所小法廷決定

〔判例集・判例収録誌〕

民集＝最高裁判所民事判例集

行集＝最高裁判所行政事件裁判例集

判時＝判例時報

賃社＝賃金と社会保障

**序　章　コロナ危機による社会保障の
機能不全、そして生存危機**

1　コロナ危機による生存危機

(1) 繰り返される感染拡大と医療崩壊

　2020年2月以降の日本での新型コロナウイルス感染症（COVID-19）のパンデミック（爆発的な感染拡大）は、国民生活に甚大な影響を及ぼし、医療をはじめとする日本の社会保障の制度的脆弱さを浮き彫りにした。

　感染拡大の波は何度も繰り返され、2021年7月末からの第5波では、感染拡大地域で、入院できる病床の不足により、多くの感染者が自宅療養を余儀なくされ、ほとんど「自宅放置」となり、自宅療養中や入院調整中に重症化し死亡する人が続出した。本来であれば救える命が救えない「医療崩壊」が生じたのである。

　2022年1月に入ると、オミクロン株の爆発的な感染拡大により第6波が襲来した。同年2月には、新規感染者数が、東京都で2万人を超え、全国でも10万人を突破した。こうした状況の中、東京都・大阪府をはじめ多くの都道府県に、後述のまん延防止等重点措置が適用されたが、その内容は、飲食店の営業時間短縮・酒類の提供制限という従来の対策を漫然と繰り返すだけで、効果も十分検証されないまま、まん延防止等重点措置も漫然と延長され、最終的には、新規感染者数が高止まりのまま、2022年3月21日に、全国で全面解除された。

　第6波の感染拡大では、子どもへの感染が広がり、学校や保育園などでクラスター（感染者集団）が発生、休校・休園が相次いだ。PCR検査（ポリメラーゼ連鎖反応検査）や抗原検査など検査体制も不備なまま、必要な検査が受けられない人が続出した。オミクロン株の重症化率は従来株の3分の1程度といわれているが、感染者数の絶対数が増大したため、重症者数も死者数も急増した。感染患者に入院治療など必要な医療が提供されず（患者の医療を受ける権利が保障されず）、とくに重症化しやすい高齢者が命を落とす最悪の医療崩壊が繰り返された。

　そして、2022年7月に入ると、オミクロン株のBA・5系統への置き換わりによる感染拡大により、第7波が到来、新規感染者数が全国で1日最大26万人にのぼる爆発的感染拡大となった。WHO（世界保健機関）がまとめた2022年8月15日から8月21日までの1週間の新型コロナウイルスの感染状況によると、日本の新規感染者数は147万6374人で、世界全体の新規感染者数のおよそ4分の1を占め、5週連続で世界最多となった。感染者数の急増に伴い、医療提供体制がひっ迫、感染し重症化しても必要な医療が受けられない医療崩壊が再び繰り返され、死亡者数が急増した。

　危機にさらされたのは医療だけではない。介護現場も、介護保険の介護報酬の度重なる引き下げが深刻な人手不足を招き、介護サービスの基盤が揺らいでいるところに、パンデミックが直撃、第6波・第7波では、高齢者施設でクラスターが激増、多くの高齢者が入院できず命を落とした。介護事業者の倒産も増大し、介護提供体制が崩壊の危機にさらされている。保育所や学童保育など保育の現場でも、感染症対策が現場に丸投げされ、低い保育基準（典型的な「三密」状態での保育）や保育士の劣悪な労働条件など、これまでの保育政策の問題点が浮き彫りとなった。

(2) コロナ感染よりも政治の無策・失策に殺される！

　一方、コロナ感染拡大の影響で解雇や雇止めとなり仕事を失った人々は13万人を超えている（2022年9月末現在。厚生労働省調べ）。コロナ関連倒産は、飲食業を中心に4279件にのぼり（2022年9月末現在。帝国データバンク

調べ）、廃業・休業を含めると、この３倍に達すると推計されている。飲食業などには非正規雇用の女性、外国人労働者が多く従事しており、それらの人の失職が相次いだ。収入の糧を失った人は、住まいを失ったり、その日の食費や女性の場合、生理用品を買うお金にも不自由している。

　2020年から2021年にかけて、支援団体が、東京都内で実施した「年越し支援・コロナ被害相談村」に訪れた女性の割合は、全体の18％にのぼり、リーマン・ショック時の年越し派遣村（2008年〜2009年）の際の１％に比べて大幅に増加したという[1]。

　また、コロナ禍の中、「ステイホーム（家にいよう！）」と外出自粛が求められたが、自宅にいる時間の増大は、閉鎖的な家庭環境の中で、女性や子どもに対する暴力（ドメスティックバイオレンス・以下「DV」という）や虐待の急増につながった。DVの相談件数は、2020年度は約19万件と、過去最多だった2019年度（11万9000件）の６割増となり、児童相談所が受付けた児童虐待の相談件数も、2021年度には20万7659件と過去最高を更新した。自粛生活や生活困窮のストレスからくる暴力が、家庭内において立場の弱い子どもや女性に集中して向けられているといえよう。

　かくして、コロナ禍前の2019年までは減少傾向にあった自殺者数が、2020年には、増加に転じ、２万1081人となった（前年比912人、4.5％増）。とくに女性の自殺が前年比15.4％増と急増し（男性の自殺は逆に減少）、小中高生の自殺者数は499人と過去最多を記録した（警察庁・厚生労働省調べ。以下同じ）。2021年の自殺者数も、前年よりは74人少ない２万1007人となったが、女性は7068人で、2020年に急増してから高止まりの水準となっている。また、年代別にみると、20代が前年比3.6％増で、女性や若者の自殺が多く、コロナ禍の長期化で経済・生活苦が原因の自殺が前年より増加している。

　コロナに感染して亡くなる人と同じぐらい、もしくは、それ以上の数の自殺者が出ている。政府のコロナ対策の無策・失策、つまり政治の無策・失策に殺されているのである。

1　雨宮処凛「セーフティネットは消えていた　コロナ禍で見えた女性の困窮」Journalism 379号（2021年）７頁参照。

(3) コロナ危機の様相とその原因

　新型コロナのパンデミックによって引き起こされた医療崩壊に代表される医療など社会保障の機能不全（必要な医療が提供されない！）とそれによる国民の生存危機をさして、本書では「コロナ危機」と称する。そして、危機的状況とまでいかないが、パンデミックによる被害を広くさす場合には「コロナ禍」の言葉を使う。

　では、なぜ、こうしたコロナ危機が引き起こされたのだろうか。本書でそれを明らかにしていくが、医療・公衆衛生政策に限っていえば、その最大の原因は、公立・公的病院や保健所を削減し、病床を削減し医師数を抑制してきた医療費抑制政策、さらには、何度も大きな感染の波にさらされながら、医療費抑制政策を転換することなく、医療提供体制や検査体制の整備を怠り、コロナ禍にあってもなお病床削減を続けている現在の政権の政策姿勢にあるといえる（第1章5参照）。

2　社会保障の基本は公的責任

　日本国憲法（以下「憲法」という）25条は、私たち国民に「健康で文化的な最低限度の生活を営む権利」（「生存権」といわれる）があることを明記し（25条1項）、この権利を保障する義務を国（自治体も含む）に課している（同条2項）。だとすれば、国（政府）には、コロナ禍から、私たち、とくに「生存権」が脅かされ、生存の危機にたたされている自宅療養中のコロナ感染患者、コロナで失職した生活困窮者、家庭内で暴力・虐待を受けている女性、子どもたちの命と暮らしを守る義務があるはずである。

　私たちは、病気で働けなくなったり、障害を負ったり、突然、会社が倒産して仕事を失ったりと、個人の努力ではどうしようもない場面にしばしば遭遇する。そうした場合でも、健康で文化的な最低限度の生活が維持できるよ

うに、すなわち生存権を保障するために、国（自治体も含む）の責任で、生活を保障する仕組みが「社会保障」といわれる[2]。現代社会では、自分の力や家族や地域での支えあいではどうにもならないことが多いからこそ、社会保障の仕組みが必要なのである。民間の医療機関の献身的な努力や支援団体の善意の活動に頼るのではなく、国・自治体が、私たちの支払う税金を使って、臨時のコロナ用の医療施設を設置するなど医療提供体制を整備し、子ども食堂・大人食堂のように、生活に困っている人たちへ必要な支援を行う責任、社会保障の仕組みを整える責任（「公的責任」といわれる）があるはずだ（そのために私たちは税金を払っているともいえる）。

　ところが、現在の自由民主党（自民党）・公明党政権（以下「自公政権」という）は「自助・共助・公助」を掲げつつ、「自助」を重視し、国の役割を最小限にとどめることを政策の基本にすえている。しかし、そもそも、日本語には「自助」という言葉はあるが、「共助」という言葉は「互助」の意味で使われ、「公助」という言葉は存在しない。政府（厚生労働省）が作り出した特異な概念といえ、国際的には全く通用しない概念である。ちなみに「自助」は「self help」と英訳できるが、「公助」は英訳不可能である。あえて訳せば、「public support」だろうが、日本語では「公的支援」というべきであろう。困ったときは、公（国・自治体）が助けてあげるという恩恵的な意味あいの強い「公助」ではなく、国・自治体の公的責任で、社会保障を整備し国民の生活を保障することが憲法25条の規範的要請なのである。自公政権が掲げる「自助・共助・公助」といった考え方は、失業や貧困、さらには、新型コロナへの感染すらも個人の自己責任に矮小化し、社会保障は公的責任とする憲法の考え方を曲解するものといえる。

2　「社会保障」の定義については、伊藤・社会保障法 22-23頁参照。

3　政府のコロナ対策の無策・失策、そしてウクライナ危機、物価高

(1) 政府のコロナ対策の特徴

　自分の力ではどうにもならない事態という点では、新型コロナのパンデミックがその典型といえる。どんなに感染対策に気を付けても感染してしまう人が多数出ているのだから。

　国民の健康な生活を維持するために、感染症対策や疾病の予防、地域保健などを行う政策は、公衆衛生（public health）と呼ばれる。公衆衛生は、WHO の定義に基づき、一般的には、「組織化された地域等の努力を通じた疾病の予防、寿命の延長、身体的・精神的健康と能力の増進のための科学であり技術」[3]とされ、国の責任で増進向上させるべきことが憲法25条2項に明記されている。公衆衛生の担い手である国（政府）は、新型コロナのパンデミックのような感染症の流行時には、検査体制を整備し、感染者を治療するための感染症病床を確保するなど、感染の拡大を防ぐ対策を行う責任があるといえる。

　しかし、現在の自公政権は、医療提供体制の整備、病床の確保や PCR 検査体制の拡充を怠り、国民や事業者の感染防止の自助努力に頼る無為無策ぶりである。

　政府は、第6波・第7波の感染拡大を感染力の強いオミクロン株の流行のせいにしてきたが、それとても、検疫体制の不備（とくに検疫官の不足）から、水際対策が他の国に比べて緩く、容易に日本国内への変異ウイルスの流入を許してしまった失策、他国では行われている変異ウイルスを見つけるためのゲノム（全遺伝子配列）検査すらまともにやってこなかった、とくに2022年6月以降の検疫の大幅緩和という失策の結果といえる。そうした失策

3　甲斐克則編集代表『医事法辞典』（信山社、2018年）200頁参照（中村好一執筆）。

の責任には口をつぐみ、政府は国民には外出自粛などの行動制限を、飲食業者等にはわずかな協力金のみで十分な補償のないまま時間短縮や営業自粛を要請し、緊急事態宣言等を漫然と繰り返してきた。国民の側に不安と不満が強まるのは当然である。

(2) 繰り返された緊急事態宣言・まん延防止等重点措置とその限界

　緊急事態宣言そのものは、新型インフルエンザ等対策特別措置法（以下「特措法」という）に基づき、当該疾病が全国的にまん延することにより、国民生活・経済に甚大な影響を及ぼすような緊急事態が発生したと認められるときに、総理大臣が発出する。緊急事態宣言が全国を対象に発出されたのは1回目だけだが（2020年4月7日〜5月25日）、その後も首都圏を中心に、2021年9月までに4度にわたり発出された。2021年2月に特措法が改正されて（以下「2021年改正」という）新設された「新型インフルエンザ等まん延防止等重点措置」（同法31条の4。以下「重点措置」という）も、2022年3月まで4度にわたり発出された。

　もともと、欧米諸国で行われた外出禁止、都市封鎖（ロック・ダウン）と異なり、特措法に基づく営業制限や外出制限には強制力がなく、それがもたらす事業者等への損失を補填する国・自治体の法的責任もない。2021年改正で、一定の要件のもとで、事業者等への命令規定（強制力のある規定。45条3項）が新設されたが、特措法の規定では、要請や命令を受けて休業等などをして影響を受けた事業者に対して「必要な財政上の措置その他の必要な措置を効果的に講ずるものとする」（63条の2第1項）とされているにとどまり、国・自治体の法的責任はあいまいなままである。しかし、短期間ならともかく、2年以上にわたり、協力金程度のわずかな補償で、事業者に営業制限、国民に自粛や行動制限を強いることにはどうみても限界があった。

　しかも、緊急事態宣言や重点措置といった政策の効果についての十分な検証は行われなかった。新型コロナウイルス、とくにオミクロン株は、無症状の感染者による空気感染が主な感染ルートであることが世界的に認知されていたにもかかわらず、国立感染症研究所は、飛沫感染を主な感染経路である

とし続け（同研究所が「エアロゾル感染（空気感染）」を正式に認めたのは、2022年3月28日である）、政府も、緊急事態宣言や重点措置では、マスク着用の呼びかけや飲食店への営業制限を繰り返した。オミクロン株が感染拡大した第6波では、飲食店でのクラスター発生が減少し、家庭内感染や高齢者施設、保育所などでのクラスターが増加したにもかかわらず、重点措置で行われたのは、営業時間短縮や酒類提供の制限といった従来の飲食店などへの規制が中心であった。高齢者施設等で多発したクラスターに対しても、政府は、検査体制を拡充することなく、現場での感染症対策を促すだけで、ワクチン接種以外に何ら効果的な対応をとろうとしなかった（第2章3参照）。

かくして、緊急事態宣言・重点措置の発出と期間の延長→一時的な感染者数の減少→宣言・措置の解除→再び感染者の増加→再び宣言・重点措置の発出という「愚行のパタン」[4]が何らの検証も行われないまま、2年以上にわたって漫然と繰り返された。現在では、新型コロナウイルス感染症対策分科会が、専門的見地から政府に提言等を行う専門家組織の中心的な役割を担っているが、こうした専門家組織から、いまだに感染症対策を基礎づける科学的データが系統的に開示されることもなく、政府からも、政策判断として行われてきた対策の根拠も十分明らかにされていない[5]。

（3）オミクロン株の爆発的感染拡大と政府の無策

かくして、場当たり的な対応を繰り返す政府や科学的根拠を十分示さない専門家組織（専門家の間でも意見が割れている！）に対する国民の信頼は大きく失墜した。著名な科学雑誌『ランセット』誌（2022年4月号）は、新型コロナの感染拡大を抑える最も重要な要因は、政府への信頼であることを示す実証研究を掲載したが、日本ではこの「政府の信頼」が国民の間に決定的に欠如している。実際、日本では感染拡大が十分抑制できておらず、2022年

---

4 井上達夫「危機管理能力なき無法国家－コロナ危機で露呈する日本の病巣・付記」笠木ほか・コロナと法15頁。

5 同様の指摘に、米村滋人「感染症対策の法的ガバナンスと専門家の役割・付記」笠木ほか・コロナと法266頁参照。

８月には、新規感染者数が世界最多を記録しつづけたことは前述のとおりである。

　コロナ感染による死亡者数も、以前は、日本は他国に比べて少なく、超過死亡（一定期間に通常発生すると予想される水準を超える死者の発生）もむしろマイナスだという論調が多かった。しかし、前述の『ランセット』誌に掲載された国際比較のデータでは、超過死亡者数の分析の結果、日本での新型コロナによる死亡者数は、公表死亡者数の６倍の11万人にのぼると指摘されている。検査が十分なされていない日本では、公表された感染者数は実態を反映しておらず、コロナに感染して死亡しても、検査も入院もできなかったため、別の死因か死因不明の死亡とされてしまっている可能性があるからだ。実際に、この間、日本では「分類されない死因」による死者が激増している。

　もともと、日本は重症化しやすい高齢者の人口が多いこともあり、東アジア諸国の中では、コロナによる死者数が多い傾向にあった。オミクロン株による第６波（2022年１月〜６月）の期間中には１万人を超す死者を出し、さらに、2022年７月からの第７波では、2022年８月23日に、１日の死者数が過去最多となる343人を確認、８月１か月間の死者数が7000人を超え、１か月当たりの死者数で過去最多となり、同月の週間当たりの死者数は、アメリカについで世界第２位となった（新型コロナウイルス感染症に関する世界的統計サイト「ワールドメーター（world meter）」による）。自宅などで亡くなり警察が事件性の確認などをした死者のうち、新型コロナへの感染が確認された人も、2022年８月には869人にのぼり、月別で最も多かった同年２月（564人）を大きく上回り、これまた過去最多となった（警察庁調べ）。かくして、日本人の平均寿命が男女とも、コロナ感染で下がりはじめる事態にまで至った。こうした事態になっても、政府は、検査体制の整備や医療提供体制の拡充を怠り、重点措置すら出さず、国民に基本的な感染対策を呼びかけるだけで全くの無策に終始した。

(4) ワクチン頼みの政策の限界

　自公政権が行った唯一のコロナ対策らしきものといえるのは、新型コロナ対応のワクチン接種の促進である。主にファイザー社とモデルナ社のワクチンが承認され、2021年10月以降、高齢者を中心にワクチン接種が進み（2022年3月時点で、全人口の8割近くの人が2回目の接種を終えた）、感染者数は劇的に減少、そのまま収束するかに見えた。

　しかし、ワクチン頼みの政策には限界がある。ワクチンの効果をすりぬける、すなわち免疫回避する変異株が広まれば、変異株に対応できるワクチン接種とのいたちごっことなるからだ。実際に、デルタ株に置き換わったオミクロン株により、2022年1月以降の第6波は爆発的感染拡大となったし、さらに感染力の強いオミクロン株BA.5は、免疫回避が顕著で、第7波のさらなる爆発的感染拡大をもたらした。

　また、現在の新型コロナワクチンの効果は、半年から1年程度で落ちることが明らかになっており、3回目、4回目の接種が必要とされるようになった。効果が十分検証されていない5歳から11歳の子どもへのワクチン接種もはじまった。しかし、効果が落ちるたびにワクチンの接種を何度も繰り返す（国民をワクチン漬けにする）ことが、今後も続けていけるのだろうか。

　ワクチン接種の副反応による健康被害の問題もある。副反応の報告は、厚生労働省・厚生科学審議会の予防接種・ワクチン分科会副反応検討部会でなされており、2022年8月はじめまでに、ワクチン接種後の死亡例は約1800件が報告されているが、ワクチン接種との因果関係が認められた例は1件のみで、大半が原因不明で因果関係が評価できないとされている。2021年9月段階で、担当医が死因とワクチン接種との間に因果関係ありと報告した事例が59件あったにもかかわらず、部会では、すべて情報不足で因果関係が評価できないとされたという指摘もある[6]。因果関係の判定基準を含め透明性の

6　小島勢二「新型コロナウイルスワクチンにおける情報公開」月刊保団連1356号（2021年）37頁参照。

ある情報公開が不可欠なのだが、政府は、情報公開を簡素化するなど逆行する動きがみられる。

(5) ウクライナ危機、円安と物価高

　コロナ危機で、多くの国民が生存危機に陥る中、2022年に入ってから続いていた物価高に、同年2月のロシアのウクライナ進攻に端を発したロシア・ウクライナ戦争での資源燃料・食料価格の高騰が拍車をかけた。ロシアへの経済制裁参加などにより、とくに輸入小麦の価格が高騰（ロシアとウクライナ両国で世界の小麦輸出量の3割を占める）、政府小麦売渡価格も大幅に引き上げられ、戦争の長期化でさらなる高騰が予想されている。しかも、為替相場で円安が進展、日本は原材料の多くを輸入に頼っており、原材料の輸入価格がさらに高騰している。欧米諸国の中央銀行がインフレの懸念から金融を引き締め、利上げへとかじを切る中、日本銀行（日銀）だけが相変わらず金融緩和と低金利政策を続けているため、金利差が大きくなり、円売りが加速、歴史的な円安が続いている。

　今回の物価高騰は、日常生活に不可欠な食料品や電気・ガス料金などエネルギー価格が中心のため、とくに低所得層への影響が大きくなっている。民間シンクタンクのみずほリサーチ＆テクノロジーの試算によると、2022年に予想される食料・エネルギー価格の上昇に伴う支出増は、年収300万円未満の低所得世帯で、年間約4.3万～4.9万円で（少ない方は、政府の「激変緩和事業」を織り込んだ数値）、年収に占める負担率増分は＋1.9％ポイント～＋2.1ポイントで、全体平均が＋1ポイント前後だから、2倍の負担増となる。政府の経済制裁は、ロシアのプーチン政権を追い詰める前に、国民生活を追い詰めている。

4 本書の課題と構成

　本書は、以上のような現状を踏まえ、コロナ危機によって明らかになった社会保障の制度的脆弱さ、政府の新型コロナへの危機対応とその限界を読み解き、財源問題も含め、ポスト・コロナの社会保障の法と政策の課題と社会保障充実の道筋を示すことを目的としている。

　第1章では、医療費抑制・公費抑制を中心とした医療・公衆衛生の政策展開を辿り、コロナ危機への政府の対応の問題点と医療・公衆衛生の課題を展望する。

　第2章では、介護保険制度改革の展開をたどり、コロナ危機による「介護崩壊」の様相を明らかにし、介護政策の課題を介護保険法の廃止と税方式への移行の観点から考察する。

　第3章では、コロナ危機のもとでの保育・学童保育の状況を概観し、これまでの規制緩和を中心とした保育政策と政府の対応の問題点を明らかにし、保育政策の課題を展望する。

　第4章では、コロナ危機で明らかになった雇用保障の脆弱さが、これまでの雇用政策に起因することを検証し、雇用政策の課題を提示する。

　第5章では、コロナ危機のもとでの生活困窮の現状を概観し、生活保護・年金政策の展開を辿り、問題点を指摘したうえで、生活保護・年金政策の方向性を提言する。

　第6章では、消費税と社会保険料に大きく依存してきた日本の社会保障の財政政策の問題点と限界を指摘し、とくに現在の物価高の中で、緊急に必要とされる消費税の減税を含めた税制改革、社会保険改革の方向性を提示する。

　終章では、各章で行った提言・対案の実現に向けての政治的課題を含めた課題を探る。

第1章 医療・公衆衛生の法と政策の課題

　新型コロナの感染拡大（パンデミック）で最も大きな影響を受けたのが、医療・公衆衛生分野である。本章では、これまでの医療費抑制・公費抑制を中心とした医療・公衆衛生政策の展開を辿り、それがコロナ危機のもとでの「医療崩壊」と公衆衛生の機能不全を引き起こしたことを明らかにし、ポスト・コロナに向けた医療・公衆衛生の法と政策の課題を展望する。

1　医療費抑制政策の展開と病床削減

(1) 減らされてきた病床

　新型コロナの感染拡大による医療現場での病床の逼迫、必要な医療が提供されない「医療崩壊」が現実化した背景には、歴代政権が続けてきた医療費抑制政策がある。そして、医療費抑制政策の中心は、病床数の削減と医師数の抑制に置かれてきた。

　歴代自民党政権のもと、1999年から2019年までの間で、日本の病床は約25万以上削減されてきた。とくに、結核などの感染症の患者が減ってきたことを理由に、感染症指定医療機関と感染症病床が削減されてきた。国内の感染症病床は、2019年段階で、特定感染症指定医療機関（全国4か所）、第1種感染症指定医療機関（同55か所）、第2種感染症指定医療機関（同351か所）

14

すべてを合計しても1871床しかなく、1996年の9716床（旧伝染病床）から激減している（日本医療労働組合連合会調べ）。感染症指定医療機関も、自治体が運営する公立病院や日本赤十字社などが運営する公的病院で約８割を占める。感染症専門医も不足が顕著で、全国で1691人にすぎず（2022年４月15日現在）、感染症指定医療機関でさえ専門医がいるのは３分の１にすぎない。

重症患者のための集中治療室（ICU）も、2013年には、全国で2889床あったが、2019年には2445床に減っている（減少分444床のうち、公立病院が419床を占める。全国自治体病院協議会「病院経営分析調査報告書」）。集中治療室の専門医も約2000人しかおらず、重症病床でも専門医がいないところもある。後述のように、感染症病床以外での病床でのコロナ患者の受け入れも増えているが、専門医がいないため十分な対応ができずに、受入病院では、クラスター（感染者集団）が頻発した。

(2) 地域医療構想による病床削減

2014年には「地域における医療及び介護の総合的な確保を推進するための関係法律の整備等に関する法律」（「医療介護総合確保法」）が成立、医療法が改正され、2014年10月より、病床機能報告制度が創設され、都道府県による地域医療構想の仕組みが導入された。

病床機能報告制度は、各病院・有床診療所が有している病床の医療機能（高度急性期、急性期、回復期、慢性期）を、都道府県知事に報告する仕組みで、各医療機関は「現状」報告と「今後の方向」（2025年時点）の選択（たとえば、今は回復期だが、今後は急性期とするなど）、構造設備・人員配置等に関する項目などを報告する。報告内容を受けて、都道府県は、構想区域において病床の機能区分ごとの将来の必要量等に基づく「必要病床数」を算出した地域医療構想を策定する。構想区域は、各都道府県内の２次医療圏[1]を原則とし、現在、341区域が設定されている。

---

[1] 医療圏は３つ設定されており、１次医療圏は、基本的に市町村区域、２次医療圏は広域市町村（現在、全国に335）、３次医療圏は、基本的に都道府県の区域とされている。

　あわせて、都道府県は、構想区域ごとに、診療に関する学識経験者の団体その他の医療関係者、医療保険者などとの協議の場（地域医療構想調整会議）を設け、協議を行う。また、都道府県知事は、病院の開設等の申請に対する許可に地域医療構想の達成を推進するため必要な条件を付すことができ、病床削減（転換）などの要請、勧告（公立病院の場合は命令）、それらに従わない医療機関名の公表などの措置を発動できる。

　地域医療構想のねらいは、看護師配置の手厚い（つまり診療報酬が高い）高度急性期の病床を他の病床機能に転換させ、もしくは過剰と判断された病床開設は認めないなどして計画的に削減し、入院患者を病院から在宅医療へ、さらに介護保険施設へと誘導することで（「地域包括ケアシステム」といわれる）、医療費を削減することにある[2]。

　2018年までにすべての構想区域で、地域医療構想が出そろったが、地域医療構想の完遂による2025年時点の「必要病床数」を実現した場合、全国で15万6000床（2013年時点の必要病床数との差引）もの病床削減が必要となり、地域に必要な医療機関や診療科の縮小・廃止が生じかねない。政府は、地域医療構想の実現は、都道府県と地域の医療機関の協力のもとで進めていくことが原則としているが、法改正により都道府県知事の権限が強化されており、上からの機能分化が進められる懸念は払拭できていない。機械的に病床削減を実施していけば、必要な医療を受けることができない患者が続出し、地域医療は崩壊する。

(3) 医師数の抑制と看護師の人手不足

　地域医療構想で算出された「必要病床数」は医師や看護師の需給推計にも連動しており、とくに病院看護師の需要数は、急性期病床の削減で、現状より大幅に少ない人員で足りるとの推計となっている。医師についても、地域医療構想の「医療需要」を準用し、新たな医師偏在指標を用いて全都道府県・2次医療圏を「医師多数・医師少数・どちらでもない」区域に分類し、

2　地域医療構想について詳しくは、伊藤・社会保障法208-210頁参照。

地域ごとの「必要医師数」を決め、多数区域から少数区域への医師移動を促す政策である。また、新専門医制度を連動させ、診療科別必要医師数を決め、シーリングをかけて都道府県別の専門研修の定員を設ける仕組みが導入されている。

　そもそも、日本の医師数は、人口1000人当たりでみると2.5人で、OECD（経済開発協力機構）加盟国のうちデータのある29か国中の26位であり、不足が顕著である（2018年。図表 1 - 1 。OECD *Health Statistics 2020*）。人手不足は長時間労働を招く。厚生労働省の「医師の働き方改革に関する検討会」では、過労死ラインの月平均80時間を超える時間外労働（休日労働を含む）をしている勤務医が約 8 万人にのぼるとされている。

　看護師についても、日本の入院患者 1 人あたりの看護師数は0.86人で、ドイツ（1.61人）、フランス（1.75人）、イギリス（3.08人）、アメリカ（4.19人）など欧米諸国の 2 分の 1 から 5 分の 1 の水準にすぎない（2018年。OECD 前出統計から算出）。長時間・過密労働・低処遇の中、年間10人に 1 人の看護師が辞めており、現場では深刻な看護師不足が続いている。

　1990年代に、医学部入学定員の削減が続き、医師数の不足が顕著となったが、政府は長らく医師の絶対的不足を認めず、医師等の地域的な偏在の問題としてきた。2008年に、ようやく医師不足を認めたものの、その後も現在に至るまで、前述のように、医療提供体制を集約化して、医師数・看護師の絶対数は増やさないまま、地域間、診療科間の医師・看護師の偏在を是正しようとする政策が続いている。しかし、医師の偏在は、日本の医療提供体制の構造的な問題であり是正は容易ではなく、現状では、医師・看護師不足は解消されないまま、現場の疲弊が進むことは避けられない。

(4) 公立・公的病院の統廃合と再編リストの公表

　政府の病院・病床削減のターゲットにされたのは公立・公的病院であった。
　これまでも、政府（厚生労働省）は、公立病院には、2015年の「公立病院改革ガイドライン」に基づく改革プラン、公的病院には「公的医療機関等2025プラン」の策定を義務付けて、統合・再編への対応を求めてきた。しか

図表 1-1　人口 1000 人当たりの医師数の国際比較(2018 年)

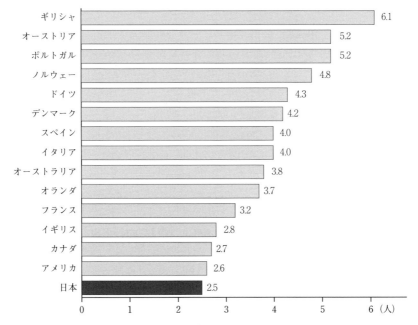

出所：OECD, *Health Statistics 2020* より作成。

し、先の地域医療構想調整会議で「合意済み」とされた公立・公的病院の2025年病床計画では、ほぼ現状維持の計画となった。

　業を煮やした厚生労働省は、2019年 9 月、公立・公的病院のうち地域医療構想において再編統合の必要があるとする424の病院（公立257、公的167）の名称を公表し、病院の統合や診療科の縮小、入院ベッドの削減など、地域医療構想の具体的方針を 1 年以内に見直すよう求めた。2017年度時点で、1652の公立・公的病院のうち、人口100万人以上の地域に存在する病院などを除き、病床機能報告で高度急性期・急性期と報告した1455の病院を対象に、「診療実績が特に少ない」（手術件数などの診療実績が地域内で下位 3 分の 1 にある）と「類似かつ近接」（診療実績が類似する医療機関が自動車で20分以内の距離にある）という 2 つの基準に該当する病院がリストアップされた。名指しされた病院の約 7 割は地方の中小病院だが、感染症指定医療機関が53

病院含まれており、また医師偏在や看護師不足など診療体制の不備から診療実績が少ないことが考慮されていないなど、機械的、恣意的な基準設定に批判が噴出した[3]。その後、厚生労働省は、さらに精査を加えた結果を発表、再編統合の対象となる医療機関は440病院（全体の30.2%）となった。

これら再編統合の対象とされた公立・公的病院のうち146病院は、新型コロナの感染患者の対応に当たっているとされる（2021年2月8日の衆議院予算委員会での田村厚生労働大臣（当時）の答弁）。しかし、厚生労働省は、2020年9月に再編統合の結論を出すことは先送りとしたものの、公立・公的病院の再編統合の議論を進める方針は変更していない。

2　公衆衛生政策の展開と保健所の削減

(1) 公衆衛生政策の展開と地域保健法

序章でみたように、公衆衛生は、憲法25条2項に明記され、生存権保障を支える制度であり、新型コロナのパンデミックのような感染症流行時に、感染者を隔離治療し、感染の拡大を防ぐために重要な役割を担う。しかし、医療費と同様、公衆衛生予算は削減され、公衆衛生の機能を担う保健所も「行政の効率化」の名目で削減されてきた。

保健所は、戦前の1937年に設置されたが、戦後の1947年の保健所法改正により、「地方における公衆衛生の向上及び増進を図ることを目的」（1条）とする公的機関として位置づけられ、憲法25条に基づく社会保障の担い手と位置づけられた。あわせて、保健所は人口おおむね10万人を基準として設置するとされ、無料の原則も定められ、公的責任による公衆衛生体制の推進が図

3　長友薫輝「コロナ禍で明らかになった地域医療の危機」長友薫輝編著『コロナと自治体2／感染症に備える医療・公衆衛生』（自治体研究社、2021年）22-23頁参照。

られた[4]。

　当初、公衆衛生の中心は、結核予防に置かれたが、1950年代後半には、衛生状況の改善と医学の進歩によって、結核は死亡理由の上位から姿を消し、悪性新生物（がん）などの非感染症疾患への対応へと健康課題がシフトした。1970年代には、日本は高齢化社会に突入し、地域保健の課題も高齢化への対応に変わっていく。

　1983年には、老人保健法が成立し、高齢者の健康相談、健康教育、機能訓練サービスなど、高齢者の健康づくり事業を市町村が担い、同時に、保健所が計画策定・企画調整・市町村支援を行う体制づくりが進められた。

　1994年には、保健所法を全面改正して、地域保健法が制定された（全面施行は1997年）。地域保健法では、都道府県、中核市その他の政令で定める市または東京23区が保健所を設置すること（5条以下）、住民に対して健康相談、保健指導および健康診査その他地域保健に関し必要な事業を行うことを目的とする施設として、市町村は保健センターを設置することができることが規定された（18条）。地域保健法により、保健所の設置数は、従来のおおむね人口10万人に1か所から2次医療圏（平均人口約36万人）に1か所に改められ、保健所数の激減がはじまる。また、保健所から保健センターへ移管された業務（母子保健と老人保健）は、民間事業者への委託が進み、対人援助業務は大きく縮小された。

(2) 感染症法の成立と目的

　一方、感染症対策についてはその基本法として、1998年に、旧伝染病予防法などを統合した感染症法（感染症の予防及び感染症の患者に対する医療に関する法律）が制定された（2006年改正で、結核予防法を廃止し統合）。

　感染症法は、前文で「過去にハンセン病、後天性免疫不全症候群等の感染症の患者等に対するいわれのない差別や偏見が存在したという事実を重く受

4　波川京子「感染症対策の破綻と地域保健・公衆衛生の再生」日本医療総合研究所編『コロナ禍で見えた保健・医療・介護の今後―新自由主義をこえて』（新日本出版社、2022年）117頁参照。

け止め、これを教訓として今後に生かすことが必要である」とし、「感染症の患者等の人権を尊重しつつ、これらの者に対する良質かつ適切な医療の提供を確保し、感染症に迅速かつ適確に対応する」と明記している[5]。そのうえで、感染症対策における人権尊重の重要性を指摘し（2条）、行政機関による人権制約を伴う措置については、入院であれば期間制限、第三者機関の関与、審査請求の特例等の規定を整備するなど手続保障を置いている（19条、20条、24条、25条など）。同法は、らい予防法（1996年廃止）が引き起こした人権侵害への反省を踏まえ、感染症に罹患した患者を隔離する規定がある一方で、患者の人権尊重に配慮した入院手続を整備し、隔離中心から治療中心への法整備がなされたといわれるが、感染者に対する強制入院・検査を中心とした強制措置が中心である法体系であることには変わりがない。

　感染症法は、感染症をその危険の程度に応じ、1類から5類までの5種の感染症と指定感染症、新感染症、新型インフルエンザ等感染症（2008年の法改正で追加）に類型化して対応を定めている（6条）。感染症入院患者の医療は公費負担医療として提供され、都道府県が負担する（37条）。

　感染症に対応する病床は、新感染症、1類、2類感染症もしくは新型インフルエンザ等感染症の患者の入院を担当する特定感染症指定医療機関、1類、2類感染症または新型インフルエンザ等感染症の患者の入院を担当する第1種感染症指定医療機関、2類感染症または新型インフルエンザ等感染症の患者の入院を担当する第2種感染症指定医療機関であるが、前述のように、病床数が極端に少ない現状があった。

(3) 公衆衛生政策の転換と変容―感染症対策から生活習慣病予防へ

　1990年代後半以降、公衆衛生政策は、生活習慣病の予防の方向に大きく転換する。1996年には、糖尿病など従来の「成人病」が「生活習慣病」に名称

5　前文は、衆議院における修正により加えられた事項であり、政府等においては、基本的な理念として、法の施行、施策に当たって十分に留意することが重要とされている。厚生労働省健康局結核感染症課監修『詳解・感染症の予防及び感染症の患者に対する医療に関する法律〔四訂版〕』（中央法規出版、2016年）34頁参照。

変更され、2000年に「健康日本21」がはじまり、2002年には、それに根拠を
与えるものとして健康増進法が制定された。保健所の業務も、感染症予防か
ら生活習慣病の予防に重点が置かれるようになる。

　そして、2000年代に入り、WHO（世界保健機関）が、健康の社会的決定
要因の改善を各国政府に呼びかけた時期に、日本では、病気の原因と対策を
個人に求める「健康の自己責任化」という逆行する動きが強まった。2008年
には、老人保健法が事実上廃止され、高齢者の医療の確保に関する法律（高
齢者医療確保法）が制定され、従来の老人保健事業の根拠が、64歳までの者
については、先の健康増進法、65歳以上の者については、介護保険法におけ
る一般介護予防事業に付け替えられた。そして、市町村が実施してきた基本
健診は廃止され、新たに医療保険者が実施主体となる特定健康診査（以下
「特定健診」という）・特定保健指導に移行した。特定健診・特定保健指導の
制度化は、個人の努力・自己責任によって、生活習慣病を予防できるという
前提に基づいた健康自己責任論の具体化であった。長時間労働などの社会労
働環境を軽視し、特定健診によるハイリスク者の早期発見を起点に、メタボ
リックシンドロームを引き起こす生活習慣に着目した特定保健指導だけで、
つまり個人への健康教育と個人の健康管理・行動だけで、生活習慣病が予防
できるという前提で政策化されたといえる。

　しかし、特定健診・特定保健指導の導入から10年以上が経過したが、膨大
な予算と人員を投下したにもかかわらず、メタボリックシンドロームは減少
しておらず、予防に向けた政策は失敗したというほかない。原因としては、
社会経済的に不利な層ほど、健康状態が悪いにもかかわらず、健診を受診し
ていないこと（特定健診の受診率は、中小企業の人が加入する協会けんぽ、
無職や非正規雇用の人が多い国民健康保険では半分にも満たない）、メタボ
リックシンドロームは、予備群を含めると14万人をこえ、それだけの多数の
対象者に対して健康教育による健康行動の変容やそれによる疾患の死亡が抑
制できるというエビデンスがない、長期間にわたる有効な治療法が確立して
いないことなどが指摘されている[6]。

6　近藤克則『健康格差社会』（医学書院、2017年）184-185頁参照。

　その後も、2013年には「第2次健康日本21」、2015年のデータヘルス計画、2018年の保険者努力支援（インセンティブ）制度、2019年の健康寿命延伸プランなどの一連の政策によって、健康自己責任論に基づく予防重視、健康関連サービス事業の育成が進められていった。先の保健所の再編・縮小は、健康増進を中心とする、健康自己責任論に立脚した政策と表裏一体で進められたといえる。

(4) 保健所の削減と保健所機能の弱体化

　前述のように、1994年の地域保健法の制定以降、保健所の統廃合と削減が続き、保健所数は2020年には全国で469か所となり、1994年の847か所から激減している（図表1-2）。保健所の職員数も1990年の3万4571人から2016年の2万8159人へ大幅に減少している。なかでも、検査技師の減少が顕著で、1990年の1613人から2016年の746人と半分以下に減少している（国立社会保障・人口問題研究所「社会保障統計年報」による）。

　保健師の数は増加しているのだが、多くは自治体の保健予防などの活動に従事しており、保健所の減少にともない、保健所で活動する保健師は、全体の15%程度にとどまっている。歴代政権のもとでの公費抑制政策により、保健所機能が弱体化させられてきたのである。

　パンデミック時の感染拡大を防止し、感染者の早期発見、早期治療につなげることで重症化を防ぐためには、感染者を特定する検査体制の拡充が不可欠だが、その感染者を特定するための検査（行政検査）体制も不備なままであった。新型コロナの感染を判別するPCR検査を担う機関である地方衛生研究所は、都道府県と政令指定都市に77か所設置されているが（2021年現在。うち55か所は環境研究所との合併型）、法律上の根拠規定を欠いており、予算・研究費、職員数ともに大幅な削減が続いている。以前は保健所に検査機能が付置されていたが、保健所削減に伴って検査機能が地方衛生研究所へ集中するようになったにもかかわらず、削減が進められ、行政検査を行う地方衛生研究所の臨床検査技師の数は全国で341人しかいなかった（2019年4月段階）。

図表 1-2　保健所数の推移

[01]

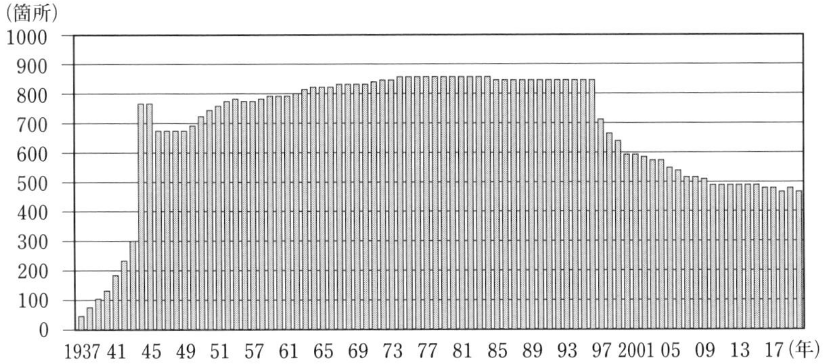

[02]

西　　暦	都道府県 (47)	指定都市 (20)	中核市 (60)	政令市 (5)	特別区 (23)	合　　計
1994	625	124	0	45	53	847
1997	525	101	26	15	39	706
2000	460	70	27	11	26	594
2006	396	73	36	7	23	535
2020	355	26	60	5	23	469
2020-1994	▲270	▲98	+60	▲40	▲30	▲378

出所：2020 年 4 月 25 日に、日本記者クラブで行われた全国保健所長会の会見「『新型コロナ
ウイルス』(14)保健所の現状」の資料(1)より抜粋。

　さらに、国の直営研究所であり、ワクチン開発など基礎・応用研究や感染
症情報の収集・解析などで重要な役割を担う国立感染症研究所も、研究者数
も予算額もともに減らされ続けてきた。2010年から2019年にかけて定員が
328人から307人へと削減され、予算も61.7億円から19.7億円へと 3 分の 1 に
まで削減された。研究所内にある15の研究部すべてに専任研究者の配置がで
きず、国産のワクチン開発が大幅に遅れる結果ももたらした。
　すでに、厚生労働省の「新型インフルエンザ対策総括会議報告書」（2010
年 6 月）では、地方自治体の保健所などの「感染症対策に関わる危機管理を
専門に担う組織や人員体制の大幅な強化、人材の育成」を進めること、地方
衛生研究所の法的位置づけと検査体制の強化を提言していたが、国は、検査

設備や人工呼吸器のような機材の確保、それを使いこなせる検査技師、専門医の育成を怠るどころか数を減らしてきたのである。

3　医療崩壊の様相

(1) 検査体制の不備とパンク状態に陥った保健所

　医療費抑制政策のもと病床削減が進められ、とくに感染症病床は極端に少ない現状のもと、新型コロナのパンデミックによる感染者の急増で、重症者ですら入院できず自宅療養となる状態に陥った。また、保健所の削減により、公衆衛生の機能不全が引き起こされ、感染患者が必要な入院治療を受けられず死亡するという医療崩壊が生じた。

　当初、政府は、クラスター（感染者集団）を見つけ、感染拡大を防ぐ戦略をとり、発熱などの症状のある患者の行政検査（症状スクリーニング検査）によって、保健所が感染経路を調査、濃厚接触者を追跡検査し、感染者を特定・隔離する方式を採用した。具体的には保健所等に設置された「帰国者・接触者相談センター」（以下「相談センター」という）を介してでないと、PCR 検査と外来受診（これも「帰国者・接触者外来」で受診することが基本とされた）が受けられない方式としたのである。発熱等がある感染疑い者からみれば、通常の医療機関で医師の診察を受けるのではなく、保健所（正確には都道府県）の管理のもとに置かれる仕組みであった。

　この方式は、病床不足、それ以前に検査可能数の限界により、結果的に、医療機関ではない保健所にどの感染疑い者から検査に回すか、どの陽性者から入院させるかを判断する「医療の分配」[7]の役割を担わせることとなった。しかし、前述のように、数も人員も減らされてきた保健所は、症状のある相

7　太田匡彦「新型コロナウイルス感染症にテストされる感染症法」笠木ほか・コロナと法 43頁。

談者の急増で「電話がつながらない」など、すぐにパンク状態に陥った。新型コロナの感染拡大に際して、保健所とPCR検査を担当する地方衛生研究所は、日常業務に新型コロナの対応業務を上乗せさせられた形となったが[8]、保健所等の職員数は、日常業務から算出した定数のため、もともとゆとりがなく、PCR検査や疫学調査、さらには医療の分配に至るまでの膨大な業務を担えるはずもなかった。

　また、厚生労働省の事務連絡にあった「37.5度以上の発熱と呼吸器症状」などの検査の目安が、保健所の業務マニュアルに踏襲されたため、この目安に該当しない人は、たとえ医師が検査必要と判断しても、保健所段階ではねられ検査が受けられない事例が続出した。2020年5月に、発熱等の目安は外され、2020年10月以降は、発熱患者等は、相談センター（保健所）を介さずに、PCR検査を行うことができるPCR検査センター（地域外来・検査センター）も設置されたが、必要な検査が迅速に受けられない状態は現在まで続いており、人口100万人当たりの日本のPCR検査実施数は、世界222の国・領域で134位と低位のままである（「ワールドメーター（world meter）」による。2022年3月時点）。

(2) クラスター対策の破綻

　新型コロナでは無症状の感染者が多く、それらの無症状感染者による空気感染が主な感染ルートであり、症状のある感染者とその濃厚接触者のみを追跡するクラスター対策では、感染制御が非常に難しいことは早くから指摘されていた[9]。実際、検査からもれた無症状の人が感染を広げ、感染経路不明の感染者が急増、保健所が行う感染経路の特定と濃厚接触者の追跡調査が難しくなり、クラスター対策は事実上破綻した。

　この時点で、保健所中心の行政検査から感染拡大地域に絞った無症状の人

8　波川京子「新型コロナ感染症における保健所・公衆衛生の現状と課題」季刊自治と分権81号（2020年）53頁参照。

9　渋谷健司「脆弱な日本の検査・防疫体制―新たな変異株にどう対峙すべきか」月刊保団連1376号（2022年）9頁参照。

も含めた社会的検査体制の強化に転換する必要があった。海外では早くから無症状者のスクリーニング検査がとられていたが、日本では、クラスター対策や飛沫感染防止に固執し、いまだに、症状が出た人を対象とする症状スクーリング検査が中心となっている。

　そして、この時期、日本では、緊急事態宣言（後にまん延防止等重点措置）を出して、感染していない人の社会活動を自粛させるという手法がとられた。検査体制の不備で、感染者を特定できなくなったことと、感染症対応の病床数が極端に不足していたために、感染者すべてを入院せることが事実上不可能であったからである。とはいえ、緊急事態宣言やまん延防止等重点措置は、経済活動を縮小させ、多くの失職者を生み出し、その暮らしを破壊するという強烈な副作用を伴うものであった（第4章1参照）。

(3)「自宅療養」という名の「自宅放置」

　新型コロナウイルス感染症は、無症状の人でも他の人に感染させることがわかってきたため、外出自粛の要請など1類、2類感染症以上の厳しい措置がとれるように、感染症法の2021年2月の改正（以下「2021年改正」という）で、「指定感染症」から「新型インフルエンザ等感染症」に位置づけられた（当初の「2類相当」の言葉が使われることもある）。しかし、感染者に必要な医療を提供し感染症のまん延を防止するという感染症法の趣旨からすれば、また、新型コロナ感染症の場合、無症状や軽症の人でも容体が急変し、後遺症も深刻なことが報告されていることからすれば、少なくとも、感染者は医師・看護師が常駐する宿泊療養施設での療養を原則とすべきで、自宅療養は、小さな子がいて家を離れられないため無症状の人が自宅を希望した場合など、例外的な場合に限定すべきである。

　例外として自宅療養を認める場合も、厳格な感染防止策をとり、医師等による経過観察が可能な体制であることが前提となる。WHOの基本的な指針（「在宅ケアと接触者の管理暫定ガイダンス」2020年3月17日）では、感染患者をよく換気された個室に入れ家族は別室とすること、介護者は基礎疾患等がない健康な人ひとりを割り当てること、医療提供者および公衆衛生担当者

それぞれとの連絡網を確立すること、などの基準が示されている。また、WHOの基準よりかなり緩い厚生労働省の「自宅療養時の感染管理対策」（2020年4月2日）でも、無症状や軽症であっても、高齢者や基礎疾患のある人、妊娠している人などについては、入院措置が必要としている。ただし、WHOの指針を遵守するのは、日本の狭い居住環境や高齢者の一人暮らしでは不可能に近い。

　そして、2021年7月から8月にかけての第5波では、感染症病床や宿泊療養施設の不足で、重症の高齢者すらも自宅療養となる事態になり、当然、家庭内感染も増大した。また、感染症患者からの廃棄物は感染症廃棄物であり、WHOの先の指針では公的責任（衛生当局）で処理すべきとされているにもかかわらず、日本では、自宅療養者の廃棄物は一般の家庭の生活ごみ扱いとされ、地域やごみ取集の清掃職員にも感染を拡大する結果となった。

　自宅療養中の感染者には、保健所の職員が定期的な健康観察を行うこととなっているが、保健所は、前述のような業務ひっ迫で健康観察もままならず、医療対応どころか食生活の対応もできず、事実上の「自宅放置」の状態となった。酸素投与が必要な重症患者ですら、入院先が見つからず自宅療養となり、しかも、在宅の酸素機器が品薄の事態に陥る有様で、在宅医療の不備が一挙に顕在化した。

（4）救える命が救えない医療崩壊といのちの選別

　すでに、新型コロナ感染拡大の第3波（2020年12月末〜2021年1月）の時も、入院病床の不足で、重症者であっても入院できず、年齢や患者背景から救命すべきと判断された人だけが入院できるという状況が生じていた。高齢者の中には、救命のための入院ではなく、「看取り」として（つまり人工呼吸器の装着など治療をせずに）入院させられてしまった人もおり、「いのちの選別」が様々な場面で行われていたという[10]。

　そして、これらの教訓は生かされず、医療提供体制や検査体制の整備は十

10　古賀典夫「医療崩壊といのちの選別」賃金と社会保障1777号（2021年）13-15頁参照。

分なされることのないままに、感染拡大の第5波（2021年7月末〜2021年9月）が到来、この期間2021年8月に、自宅療養中や入院調整中に死亡した感染者は250人にのぼった（警察庁調べ）。また、この時期、大阪府では、東京都と比べ、高齢者の重症治療割合が大幅に低下しており、重症高齢者に対する治療の差し控えが起きたのではないかと推測されている。医療崩壊といのちの選別が繰り返されたのである。

4 繰り返された医療崩壊と政府の無策・失策、責任放棄

(1) 一般病床のコロナ病床への転換は可能か

　以上のような医療崩壊という事態に対して、政府は、一般病床を感染症病床に転換した場合の補助金を支給するなど、民間の医療機関に対してコロナ病床の確保を促す対策をとった。また、感染症法の2021年改正で、国や都道府県が、民間の医療機関に対してコロナ用の病床確保への協力を要請、さらには勧告ができる仕組みが設けられ、勧告を受けた者が「正当な理由」がなく従わなかった場合には、その旨を公表することができることとなった（同16条の2）。2021年8月には、同法に基づき、国と東京都が連名で、東京都内の医療機関に対して病床確保や人材派遣を要請した。しかし、一般病床のコロナ病床への転換は容易ではなく、実際、簡単には進まなかった。

　本来、感染症病床は、病棟内の空気が外部に漏れないように、病棟全体の陰圧空調などの専門構造を持つ必要がある。感染症対応の施設の構造・スペースをもたず、消毒と防護服だけの対応での転換であれば、医療従事者や他の患者にかえって感染を広げる危険性がある。感染症病床以外でのコロナ患者の受け入れも増えているが、専門医がいないため十分な対応ができていない。周産期医療でも感染症対策がとれている病院は少なく、2021年8月には、千葉県で、コロナに感染した妊婦が、入院先がみつからず、自宅で出産し、

新生児が死亡する事態まで生じている。かりに病床が確保されても、医師や看護師の不足で稼働できない事例もあった（東京都では、確保病床の使用率が最大でも71％にとどまった）。

　諸外国に比べて、病床数が多いといわれてきた日本であるが（そもそも、各国の病床数は、医療提供体制の仕組みが異なるので単純な比較は困難である）、日本の総病床数には、他国では「施設」扱いとされる精神科病床や慢性期病床が約4割含まれ、急性期病床にも他国では急性期には含まれていないリハビリ病床等が含まれているなどの特徴があり、前述のように、新型コロナに対応できる急性期病床や感染症病床は、むしろ少ない状況にある。病床の利用率は、公立・公的病院も民間病院も平均して75％近い（全国公私病院連盟「病院運営実態分析調査概要」による）。実際の病院経営では、急性期病床は病床利用率90〜95％を維持しないと、適正利益（売上高比で概ね5％）が確保できないとされている[11]。つまり、日本の医療機関、とくに全体の8割を占める民間医療機関は、低い診療報酬のもと、定員一杯の患者を入院させ、基準ぎりぎりの少ない医療従事者を配置することで採算をとってきたのである。

　何より、一般病床を増やさずに、それをコロナ病床に転換するだけでは、全体の病床数が増加したことにならず、今度は一般病床が逼迫し、通常医療に支障をきたすことになる。実際、コロナの感染拡大時には、一般病床が逼迫し、通常医療も「入院ができない」「手術もできない」という事態が広がった。

(2) 進まなかった臨時医療施設の設置

　一般病床のコロナ病床への転換が難しいのであれば、臨時に病床を増やすしかない。諸外国では、感染症病床の不足が顕著になった段階で、臨時病院を設営し病床を確保してきた。著名な例では、新型コロナの感染拡大の初期

11　二木立『2020年代初頭の医療・社会保障—コロナ禍・全世代型社会保障・高額新薬』（勁草書房、2022年）11頁参照。

段階で、中国の武漢で1000人の患者を受け入れ可能な臨時病院が設立されている。そのほか、イギリスでは、展示場に4000床まで拡張できる臨時病院が、アメリカでも、341の臨時病院が建設されてきた。

　大規模イベント会場や体育館を利用した臨時の医療施設の設置は、日本医師会の会長も提言しており（2021年8月18日の記者会見）、臨時病院の設置であれば、感染が少ない地域からの医師や看護師の派遣も可能となる。

　新型インフルエンザ等対策特別措置法（以下「特措法」という）においても、2021年の改正で、「当該都道府県の区域内において病院その他の医療機関が不足し、医療の提供に支障が生ずると認める場合」には、都道府県知事は、臨時の医療施設を設置して「医療を提供しなければならない」旨が規定された（31条の2第1項）。臨時の医療施設の開設にあたっては、医療法や消防法、建築基準法などの法律の規制は一切排除される（同条3〜5項）。設置の費用も、国が50％から90％を負担する（69条）。特措法の文言から、この臨時の医療施設の設置は、都道府県知事の法的義務であり、設置しないという不作為は違法となり、入院できず自宅療養中の放置が原因で死亡した感染者の遺族は、自治体に対して国家賠償法に基づく損害賠償請求ができると解される[12]。

　にもかかわらず、全国的には、福井県で100床の臨時の医療施設の設置がみられるにとどまり、感染者数、自宅療養者が最も多かった東京都でも、酸素ステーションの設置ぐらいしかなされず（それも中等症II以上の人は対象外なので3割程度しか稼働しなかったという）、臨時の医療施設の設置は遅々として進まなかった。法的根拠があるにもかかわらず、国や自治体は、公的責任で、臨時の医療施設を設置し、病床を積極的に確保する方策をなぜとらなかったのか。第5波の感染がピークに達していた2021年8月には、東京オリンピックが開催されており、臨時の医療施設の設置どころではなかったのだろうか。感染爆発の時期に開催を強行した国や自治体の責任が問われる必要がある。

12　同様の指摘に、永井幸寿「検証・コロナと法―何ができ、何をしなかったのか」世界951号（2021年）206頁参照。

(3) 不十分なままの医療提供体制・検査体制

　その後、2021年 9 月末に、全国で緊急事態宣言とまん延防止等重点措置が全面解除され、同年10月から12月までの 3 カ月間は、ワクチン接種の普及もあり、感染者数は激減した。

　政府は、第 6 波の感染拡大に備え、3.7万人の入院が可能になる体制を整備し、臨時の医療施設は約3400人分を整備、軽症者向けの宿泊療養施設も6.1万室を確保するとした。自宅療養者への対応も、地域の医療機関などと連携してオンライン診療や往診、訪問看護を行う体制をつくるとしたが、人手不足を招く医療提供体制の抜本的改革やそのための財政支援などの具体的施策はなかった。また、検査体制についても、内閣官房が行っていた感染拡大の予兆を早期に発見するためのモニタリング検査は撤退、高齢者施設などでの定期的な検査を実施する社会的検査も、その計画策定や実施について、国（厚生労働省）は自治体への要請を終了し、体制の充実どころか後退がみられた。医療機関が行う PCR 検査や抗原検査の診療報酬も、2021年末から大幅に引き下げられた。

　2021年 9 月下旬には、自宅療養中に亡くなった人の遺族による「自宅放置死遺族会」が結成され、第 6 波の感染拡大で同じような死者が出ないように、国や自治体に、自宅で亡くなった人への対応を検証して教訓とすることを求めていたにもかかわらず、一部の自治体を除き、少なくとも国レベルでは何ら政策的検証と対応は行われなかった。

(4) 繰り返された医療崩壊と政府の無策・失策

　かくして、医療提供体制や検査体制の整備は不十分なまま、また、保健師の大幅増員など公衆衛生機能の強化もなされないまま、2022年 1 月からのオミクロン株の爆発的感染拡大による第 6 波が到来、またもや医療崩壊とそれによる死亡者の増大が繰り返された。PCR 検査の陽性率は、陽性者を把握しきれているレベルの10％をはるかに超え（東京都や大阪府では、この時期、

50％近くに達した）、検査を受けていない無症状の感染者により市中感染が拡大した。オミクロン株は、重症化のリスクが低いといわれていたが、感染者数が増大すれば、重症者数も増大するのは自明の理で、コロナ感染による高熱などの症状で、持病などが悪化して亡くなる高齢者が続出した。また、新型コロナワクチンについて、政府は、当初、3回目の接種開始を2回目終了時から8カ月を原則としていたため、とくに高齢者への接種がオミクロン株の感染拡大に間に合わず、多くの死者を出す結果を招いた。

　第6波では、東京都や大阪府などは臨時の医療施設を開設したが、大阪府では、対象者が39歳以下に限られていたため、ほとんど利用者がなかった。また、高齢者施設の入所者への感染が拡大、重症化リスクのある要介護の高齢者ですら入院できない状態となった。政府は、高齢者施設に医師や看護師を派遣して医療体制を強化し、施設内療養を促したが、医療が手薄な高齢者施設に医療機関に代わる役割を押し付けることは、高齢者施設を深刻な感染リスクにさらし、施設のクラスター化による高齢者の死亡を増加させるという最悪の結果を招いた（第2章2参照）。2022年1月から6月までの第6波の期間の死者数は、全国で1万2000人以上となり、自宅療養中に亡くなる人も、400人以上にのぼった（しかも、日本の死者数の報告は大幅に過少であるという推計が、医学雑誌に発表されている。序章3参照）。

(5) 感染症対策の公的責任の放棄と自己責任の強要

　そして、2022年7月からは、より感染力の強いオミクロン株のBA・5系統への置き換わりにより第7波が到来、同年8月以降、感染者数は過去最多（週間で世界一となった時期も）を記録し続け、発熱外来（診療・検査医療機関）には患者が殺到し、電話がつながらない、予約がとれない、さらには検査キッドが足りないなど、診察どころか検査も受けられない発熱患者が急増し、半ばパニック状態に陥った。自費で抗原検査キットを求める人も増え薬局では品薄状態となり、自宅療養者は最多の時点で180万人（入院調整中の陽性者も含む）を超え、感染者全体の約97％が自宅療養という異常な事態となった。第6波の教訓が全くいかされず、再び高齢者施設のクラスターが

多発、それにともない高齢者の死亡が急増し、死亡者数も世界ワーストの水準となった（序章3参照）。

　2022年8月には、新型コロナウイルス感染症対策分科会の尾身茂会長が、政府がとるべき対策を提言した。その内容は、感染者の全数把握の見直し、保健所が濃厚接触者を特定しないことを容認し（保健所業務がひっ迫し、特定したくてもできていないのが現状であったが）、症状が軽く重症化リスクが低いと考えられる有症状者に対しては、発熱外来等で抗原検査キットを配布し、自ら検査を行う仕組みの構築などであった。それらの人は発熱外来での受診を控えるようにも呼びかけられた。これらの提言は、もともと政府が主張してきたことでもあり、政府方針を代弁したものともいえた。

　これを受け、2022年9月、厚生労働省の新型コロナウイルス感染症対策推進本部は、各都道府県等に対し「With コロナの新たな段階への移行に向けた療養の考え方の見直しについて（確認依頼）」を発出、療養の考え方を転換し、2022年9月26日から、全国一律で、感染者の全数届出が見直された。具体的には、感染症法12条1項に基づく発生届の対象を、①65歳以上の高齢者、②入院を要する者、③重症化リスクがあり、かつ新型コロナ罹患により新たに酸素投与が必要な者、④妊婦の4類型に限定、並行して医療提供体制の強化、重点化を進めるとした。発生届の対象外となる軽症者は、検査キットで自ら検査を行い、陽性の場合、健康フォローアップセンターに連絡したうえで自宅療養し、体調変化時に医療機関を紹介できるような仕組みとするとされた。

　オミクロン株では、肺炎などで酸素投与が必要になる重症者は比較的少なく、高齢の感染者が、もともとの持病などの疾患を悪化させて亡くなる事例が多かった。しかし、「重症者」の定義の見直しはなされず、高齢者ではなく酸素投与が必要な者でなければ、発生届の対象とはならないのであれば、また、重症化リスクの判断も、従来の重症者の定義に基づくのであれば、容体が急変しても気づかれなくなる感染者が多数でる可能性が高い。健康フォローアップセンターは全都道府県に設置されているが、人員体制が十分とはいえない。そもそも、政府は医療提供体制の強化を進めるとしているが、その一方で、前述のように、病床の削減を進めている（本章6参照）。これで

は容体急変時に医療機関に即座に入院できるとはとても思われない。さらなる変異株による感染拡大の波がきたら、医療が必要な人が入院できない医療崩壊が再び繰り返されることは目に見えている。発生届の対象外となる感染者も含めて感染者数の総数は引き続き把握されてはいるが、全数届出の中止で、検査も自己検査・自己申告であれば、感染者の全体像がつかめなくなり、公衆衛生は大きく後退する。

　さらに、10月12日に、政府は、次の感染拡大を想定し、発熱外来がひっ迫しないよう、高齢者や小学生以下の子どもなどに限定して、受診を呼びかける方針を発表した。中学生から64歳の基礎疾患のない人には、コロナ抗原検査キットで自主検査を促し、陽性なら自宅療養してもらうという内容である。しかし、重症化リスクの低い若い人でも症状が急変することがあるし、重篤なコロナ後遺症が残ることが指摘されており、軽症（高熱が続いても軽症とされる現状！）の有症状感染者に、発熱外来まで受診を控えよというのは暴論である。自主検査ができるだけの抗原検査キットが十分供給されるかも疑問である。これでは、いつでも・どこでも・誰でも必要な医療を保障する国民皆保険制度が破綻したことを宣言したに等しい。感染者に対して「良質かつ適切な医療の提供を確保」するとした感染症法の趣旨にも反する。

　感染拡大時に、臨時の医療施設を開設するなど感染者に対して必要な医療を提供する体制を整備することこそ、政府（国）や自治体がやるべきことであったのに、それを全く放棄し（まさに公的責任を放棄し）、感染患者に自宅療養＝自己責任を押し付ける政府の無策・失策により医療崩壊が繰り返された。数回にわたる医療崩壊が何とか乗り越えられたのは、ひとえに現場の医師、看護師など医療従事者の献身的な懸命の治療活動によるものだったといえる。

　2022年10月中旬までで、政府統計で累計４万5000人以上を数える新型コロナによる死者数の何割かは、適切な医療が提供されれば救えた命、手遅れや入院治療ができなかったために、つまり政府の失策（いわば人災）により失われた命ではなかっただろうか。

5　医療保険と医療費をめぐる現状

(1) 医療保険におけるコロナ対応

　一方、医療保険制度では、新型コロナ感染拡大への緊急対応として、①保険料の減免・猶予、②傷病手当金の対応、③特定健診・特定保健指導等における対応、④ PCR 検査・抗原検査への保険適用、⑤診療報酬上の対応、⑥診療報酬の概算払いなどが行われた。

　このうち、①の国民健康保険料（国民健康保険税の場合も含み、以下「保険料」と総称）と後期高齢者医療保険料については、新型コロナ感染症の影響で収入が減少した被保険者に減免等を実施した保険者に対して、減免総額の全額を2020年度補正予算（特別調整交付金）と2021年度補正予算（災害等臨時特例補助金および特別調整交付金）で補助する財政支援が行われた。2022年度についても、保険料の減免総額に応じて、全額から10分の4相当額を特別調整交付金（補助）から財政支援が行われた。健康保険などの被用者保険でも、一定の期間（1か月以上）、収入に相当な減少（前年同期比おおむね20％以上の減少）があった場合、1年間保険料の納付を猶予する措置がとられた。ただし、あくまでも猶予であるので、納付義務を免れるわけではない。また保険料の減免措置は、前年の所得に対して大幅な所得減がなければ減免が受けられないなど要件が厳しく、とくに国民健康保険料の場合には、前年度の所得を基準に算定されるため、収入が減少しても前年度の所得が高いため減免が受けられないなど硬直した制度となっており、減免を受けることができた人は限られた（第6章4参照）。

　②の傷病手当金は「療養のため労務に服することができないとき」（健康保険法99条）に支給される給付である。コロナで発熱などの症状があり自宅療養を行った期間についても労務に服することができなかった期間とし、医療機関を受診できず、医師の意見書がなくても事業主の証明書により、保険

者が労務不能と認めて支給することが可能となっている。

　④は、新型コロナウイルス感染症の診断等を目的とする検査への医療保険の適用を行うもので、⑤は、重症・中等症患者への診療報酬上の特例的な対応（算定評価の２倍ないし５倍への引き上げなど）、さらに時限的、特例的に初診からの電話や情報通信機器を用いた診療（オンライン診療）の実施について報酬の算定が行われた。

(2) 医療保険をめぐる現状

　全日本民主医療機関連合会（民医連）の2021年の「経済的事由による手遅れ死亡事例調査」（病院など706事業所の患者・利用者を対象）によると、経済的理由で受診が遅れ死亡に至った事例は、2021年１月から12月までの１年で45件となっている。国民健康保険料などを滞納し、正規の保険証が交付されず資格証明書もしくは無保険となり、また正規の保険証を持っていても、定率の窓口負担が払えず、医療機関の受診を抑制して、症状が悪化したり、場合によっては死に至る事例がみられる。

　こうした受診抑制は早期発見・早期検査が求められる新型コロナのようなパンデミック時には、感染拡大にもつながる。とくに非正規雇用の労働者の場合、感染したら治療期間の仕事ができない、仕事を失うかもしれない、収入が確保できないなどの不安から、PCR検査を受けたり発熱外来に行くことをためらう人も出ている（症状が軽症であれば、なおさら検査・受診等への動機は薄れる）。感染対策としても、受診抑制を引き起こす医療保険の保険料負担や窓口負担の軽減が求められる。

　国民健康保険料は所得に応じた所得割と被保険者数などに応じた応益割があるが、応益割部分については、所得の低い者に対して７割、５割、２割の保険料の軽減制度がある（第６章３参照）。また、保険者（自治体）は、条例または規約の定めるところにより、特別の理由がある者に対し保険料を減免し、または徴収を猶予することができる（国民健康保険法77条）。しかし、「特別の理由」は、災害などで一時的に保険料負担能力が喪失したような場合に限定され、恒常的な生活困窮は含まないと解されている。そのため、恒

常的な低所得者については保険料の一部減額は認めるものの、全額免除を認めていない保険者がほとんどである。さらに、国民健康保険の一部負担金についても減免制度が存在するが、保険料負担と同様、免除は災害など突発的な事由による場合しか認められていない。

　前述のように、国民健康保険料などについては、新型コロナの影響による収入の減少を突発的な減免事由ととらえ、保険者が減免を行い、その減免費用が財政支援されているものの、あくまでも一時的なものであり、窓口負担の減免も限定されている（先の「概要」では、国民健康保険法44条の適用があったのは 3 事例のみであった）。後述のように、保険料負担の恒久的な減免制度、医療費の無償化などの施策が必要である（第 6 章 6 参照）。

（3）医療費の動向

　医療費の動向をみると、コロナ危機が襲った2020年度の概算医療費は、42兆2000億円となり、前年度より 1 兆4000億円、3.2%の減少となった。近年の医療費の増加傾向は年間7000億円程度であったから、それも見込むと 2 兆円以上の医療費の減少となる。2000年に介護保険制度が導入され、医療給付の一部が同制度に移行したときですら6000億円程度の減少であったから、過去最大の減少といってよい。

　医療費減少の要因は、新型コロナの感染をおそれた患者の受診控え、予定入院や予定手術・検査の先送り、手指消毒、マスク着用の徹底などによる季節性インフルエンザの減少などが指摘されている。受診控えは、とくに小児科、耳鼻咽喉科、歯科等でその影響が大きく、感染拡大の初期には、患者数が半減した医療機関も少なくなかった。その後、回復の傾向がみられているが、コロナの収束が見通せない中、その影響は現在まで続いている。こうした受診抑制で患者数が減少したことにより減収に陥り、経営難に陥っている医療機関は少なくない。しかし、政府は、コロナ感染者を受け入れた医療機関には補助を行っているが、コロナ以外の患者の減少による医療機関の減収の補填としての補助は一貫して行っていない。

　これに対して、2021年度の概算医療費（速報値）は、前年度から約 2 兆円

増え44兆2000億円となり、2年ぶりに増加に転じ過去最高を更新した。高齢
化や医療技術の高度化に加え、新型コロナ関連の医療費が約4500億円程度と
前年度の4倍近くに膨らみ、さらに前年度の新型コロナの感染拡大に伴う受
診控えの反動もあり、増加率（4.6％）は過去最高となった。2020年度の医
療費の減少が一時的なものであることが明白となり、医療費の増加は今後も
続くと予想される。

6 継続される医療費抑制政策
―さらなる病床削減と患者負担増

（1）コロナ危機の中の病床削減

　一方で、コロナ危機の中でも病床削減は粛々と行われてきた。2020年1月
から2022年4月末まで、全国で3万8303床もの病床が削減され、陰圧構造を
持つ感染症病床はわずか21床増えたにとどまる（厚生労働省「医療施設動態
調査」）。削減されたのは療養病床が多いが、療養病床は、従来から急性期病
床の後方支援の役割を果たしており、その削減は、コロナの重症患者が回復
しても移る病床がないという形で病床ひっ迫の一因となっている。
　また、政府（厚生労働省）は、コロナ危機を経てもなお、公立・公的病院
の統廃合を進めていく姿勢を崩していない。前述の公立・公的病院の再編統
合を求める病院リストについては、当初は2020年9月とされていた再編統合
の結論が期限を示さず延期された。しかし、厚生労働省は、地域医療構想の
各医療機関の対応方針を民間医療機関も対象に含め、2023年度までに策定す
るよう都道府県に求めている。世界的にみても少ない公立・公的病院（医療
機関全体の約2割）をさらに削減しようとする政策動向に変化はなく、東京
都も、2022年7月、都立病院の独立法人化を断行している。

(2)　医療法改正による病床削減の加速と外来機能報告制度の導入

　2021年の通常国会で成立した医療法等の改正（良質かつ適切な医療を効率的に提供する体制の確保を推進するための医療法等の一部を改正する法律）も、医師数の抑制や病床削減を加速させる内容である。改正の主な内容は、①医師の働き方改革、②各医療関係職種の専門性の活用、③地域の実情に応じた医療提供体制の確保、④外来機能報告制度の創設となっている。

　①については、医師の時間外労働が最も長いＣ水準（臨床研修医等が技能を取得する際の集中的技能向上水準）で、過労死ラインの２倍（年間1860時間）もの時間外労働を認めている。②では、医師・看護師以外の医療関係職（放射線技師等）に静脈路確保や薬物投与など侵襲性の高い医療行為を可能にしている。医療従事者の増員をはかることなく、規制緩和で、人手不足に対応しようというものだが、医師・看護師等の労働強化による疲弊が進むことが懸念される。

　③の医療提供体制に関しては、医療計画の記載事項に新興感染症等への対応に関する事項を追加するとともに、2020年に創設された「病床機能再編支援事業」を地域医療介護総合確保基金に位置づけ、当該事業については国が全額負担し（消費税が財源）、再編を行う医療機関に関する税制優遇措置を講じることとされた。同事業は、稼働している急性期病床を１割以上減らしたり、病院を再編統合した医療機関に対し消費税を用いて補助金を出す仕組みであり、社会保障の充実のためと称して増税された消費税を病床削減（社会保障の削減）のために用いることになる。病床機能再編支援事業により削減された病床は、2020年度だけで、2846病床にのぼり、うち急性期病床が2404床を占める（厚生労働省資料）。病床削減の政策方針は、全く変更されていないのである。

　④の外来機能報告制度は、地域医療構想における病床機能報告制度の外来版であり、報告義務を課される対象医療機関は、病院ならびに有床診療所で、無床診療所は任意である。報告項目は、医療資源を重点的に活用する外来の実施状況、医療資源を重点的に活用する外来を地域で基幹的に担う医療機関

（紹介受診重点医療機関）となる意向の有無、地域の外来機能の明確化・連携の推進のために必要なその他の事項となっている。各医療機関は、2022年10月から、これらの事項を都道府県に報告し、この報告を踏まえて、各地域に「協議の場」が設定される（地域医療構想で設置されている「地域医療構想調整会議」の活用も可能）。同制度は、地域の外来医療を担う医療機関を紹介受診重点医療機関と「かかりつけ医機能を担う医療機関」に2分化し、後者の受診なく重点医療機関を受診した場合に定額負担を導入する。コロナ危機の中で、かかりつけ医の必要性を訴える議論が活発になったが、同制度には、後述のように、窓口負担増で患者の受診行動を誘導し、医療費を抑制しようとする政策意図がみえる。

(3) 75歳以上の高齢者に2割負担導入

2021年の通常国会では、健康保険法等の改正（全世代型の社会保障制度を構築するための健康保険法等の一部を改正する法律）も成立した。

同改正では、高齢者医療確保法（高齢者の医療の確保に関する法律）が改正され、後期高齢者医療制度に2割負担が導入されることとされた。現在の後期高齢者医療制度における75歳以上の高齢者の患者一部負担は、原則1割で、現役並所得者については3割になっているが、単身世帯で課税所得28万円かつ年収200万円以上の層を対象に、2割負担が導入される。ただし、外来医療については施行（政令で施行日を定め、2022年10月1日からとされた）3年間に限り、1か月の負担金を最大3000円に抑える措置（配慮措置）が設けられる。

窓口負担の見直し（高齢者の受診抑制）にかかる財政影響（2022年度、満年度）をみると、後期高齢者支援金にあたる現役世代の負担の軽減は720億円で、現役世代一人当たりの減少は年間わずか700円にすぎず、最も削減されるのは、980億円の公費負担である。

感染症による重症化リスクが高い高齢者の受診抑制を促進するような2割負担の導入は、感染症対策として逆行というほかない。医療費抑制政策は、いまだ変更されていない。

図表1-3　2010年度以降の診療報酬改定率の推移

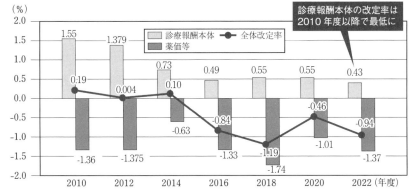

出所：『日経ヘルスケア』（日経BP、2022年4月号）28頁。

7　診療報酬改定による医療費抑制政策の展開

(1) 2022年の診療報酬改定の概要

　コロナ禍で初の改定となった診療報酬の2022年度改定（以下「2022年改定」という）は全体で0.94％の引き下げ（国費約1300億円の削減）となった。薬価などを1.37％引き下げ、医師・看護師等の人件費や設備関係費に充てられる本体部分は0.43％の引き上げという内容である。近年の診療報酬改定では、従来のように薬価を引き下げた分の財源を本体の引き上げ部分に充てず、高齢化などで増える自然増分の削減に利用されている。2022年改定でも、薬価の引き下げにより約1600億円の削減となり、社会保障費の自然増部分の削減総額約2200億円の大半を占める。本体部分0.43％プラスは、コロナの感染拡大前に決定した前回2020年度の診療報酬改定の増額すら下回る微増であり、2010年以降で最低の伸びである（図表1-3）。しかも、プラス分の0.43％は、看護職員の処遇改善（0.2％）と不妊治療の保険適用（0.2％）に割り振られ、

本体は0.03％プラスにとどまる。で、次にみるリフィル処方箋の導入等による効率化（マイナス0.1％）と6歳未満の乳幼児感染予防策加算の廃止（マイナス0.1％）を含めても、実質的な本体増分はプラス0.23％にとどまっている。

　この間、新型コロナ感染症にかかわる診療報酬は、医科外来感染症対策実施加算5点（1点＝10円）および入院感染症対策実施加算10点が2021年9月30日で廃止され、6歳未満の乳幼児感染予防策加算100点（同9月30日で50点減額）も、2022年3月31日で廃止された。2022年改定で、新たに組み替え新設された入院、外来の感染対策向上加算は算定要件や満たすべき施設基準が厳しく、スムーズに移行できていない。

(2) 急性期病床の算定要件の厳格化と地域包括ケア病床の抑制？

　前述のように、医療費抑制政策のもと、診療報酬が高い（それゆえ医療費がかかる）急性期病床を、より報酬の安い回復期や慢性期病床へ転換させる施策が進められ、とくに診療報酬改定において、急性期病床の算定要件である「重症度、医療・看護必要度」（以下「看護必要度」という）の水準を厳格化するなどの手法がとられてきた。この水準を高く設定することで、急性期病床の患者はより早期の退院または転棟を迫られ、病床利用率が低下して空床が増加、それが一定の規模で常態化すれば、下位の入院基本料を算定している病床か回復期病床に転換を迫られるというわけである。

　2022年改定でも、看護必要度に関する評価項目の見直し（看護必要度のA項目から「心電図モニターの管理」を削除するなど）が行われ、急性期の報酬の算定要件のクリアに必要な「看護必要度の高い患者割合」が下がり、急性期としての報酬が算定できなくなる病床が生まれ、大幅減収となる医療機関が出ている。新型コロナ患者の治療の中核を担っている急性期病床の削減の政策方針は変わっておらず、急性期病床の減少で、コロナ対応にも支障が生じると懸念される。

　2014年の診療報酬改定で、急性期病床の減らすための受け皿として新設された地域包括ケア病床も、在宅復帰率の引き下げなど6項目にわたる減算項

目が設定され、減算額も大きくなっている（6項目すべてが満たせない場合は、4割を超える減算となる）。当初、地域包括ケア病床は、高めの診療報酬点数がつけられ、急速に拡大・普及した。しかし、それが厚生労働省の予想を超えて普及したため、一転して諸基準が厳格化され抑制に向かった[13]。急性期病床の受け皿となる地域包括ケア病床までも抑制が進めば、地域医療に深刻な影響が及ぶおそれがある。

（3）定額負担の拡大とリフィル処方

　また、紹介状なしで受診した患者から定額負担を徴収する責務のある医療機関の対象範囲が拡大され、特定機能病院と地域医療支援病院（一般病床200床以上）に、前述の紹介受診重点医療機関（以下「重点医療機関」という）が加えられた。徴収する定額負担も、初診時7000円（歯科5000円）、3000円（歯科1900円）に引き上げられた（2022年10月より）。しかも、定額負担分の点数については保険給付の範囲から外される。重点医療機関への定額負担の導入は、かかりつけ医の紹介を経ない受診をアメニティとみなし、重点医療機関の受診のためには、必ず「かかりつけ医機能を担う医療機関」を受診しなければならない制度、すなわち、かかりつけ医制度構築の布石といえよう。将来的に、皆保険制度のフリーアクセスと自由開業制度を解体し、かかりつけ医制度を構築し、さらなる定額負担の拡大などが図られる可能性がある。しかし、際限のない負担増は、患者の受診控えと健康悪化を招くおそれが高い。

　さらに、1度診察すれば、一定期間は再診なしに薬局で同じ処方薬を3回まで出す「リフィル処方箋」も導入された。高血圧のように、症状が安定している慢性疾患の患者で、通院のたびに同じ薬を処方される場合が想定され、1回で何日分処方するか、2回にするか3回にするかは医師の判断により、投薬量に限度がある向精神薬の一部や湿布は対象外となる。普及すれば医療機関が受け取る再診料が減り医療費の抑制につながるというわけだ。しかし、

13　大道久「診療報酬体系の課題と将来」週刊社会保障3182号（2022年）53頁参照。

長期処方には患者にとってリスクが大きく、医師が診察しないことで症状の悪化の兆しに気づくのが遅れる危うさがある（もっとも、すでに医師による長期処方が制度化されているうえに、リフィル処方には厳しい算定要件がつけられており、普及は限定的と考えられる）。コロナ禍での限定という位置づけであった「オンライン診療」の初診利用の恒久化とともに、医療の安全性の確保という点から問題がある[14]。

8 　医療・公衆衛生の課題

(1) コロナ危機対応の課題

　以上の考察を踏まえ、医療・公衆衛生の政策課題を提示する。

　コロナ危機対応の課題としては、感染症病床を増設し、とくに重症患者の集中が予想される感染症指定医療機関に対しては政府が物的・人的支援を強化すべきである、医師・看護師が常駐する宿泊療養施設も増やし、軽症者もそこでの療養を原則とすべきである。重症化を防ぐ経口新薬も、宿泊療養施設や外来診察など早い段階で投与できる体制を整える必要がある。やむをえず自宅療養となる患者に対しても、診察した医療機関が患者の健康観察を実施し、入院の必要性も判断する体制を構築し、自宅療養者への往診体制も強化すべきである。

　第2に、検査体制の整備が早急に求められる。医療従事者や病院の入院患者、高齢者施設の入所者・介護職員については、少なくとも週1回の定期的な検査を全額国庫負担で実施すべきと考える。現在、保健所公費の行政検査

14　同様の指摘に、全国保険医団体連合会診療報酬改善対策委員会「2022年度診療報酬改定、医科の問題点―感染対策、リフィル処方、マイナンバー制度など」月刊保団連1377号（2022年）19-20頁参照。

は無料だが、症状のない人の検査は自費負担となっているが、希望する人が費用負担なく検査が実施できるように財政措置を行うべきである。各家庭に配布できるだけの検査キットの増産を計画的に行い、医療機関が PCR 検査を実施しても赤字にならないように、検査料などの診療報酬を大幅に引き上げ、感染症対応の加算を復活させるべきである。また、患者本人提示の検査結果や濃厚接触者が有症状となった場合などで、医師が検査を行わず診断する際には、患者に医療費の窓口負担が発生するが、この場合も初診から公費負担とし窓口負担なしにするべきであろう。

　第 3 に、コロナ対応をしていない診療所などの医療機関に対しても、感染者が発生した場合の減収、外来患者などの減少に伴う損失を補償する必要がある。

　なお、新型コロナ感染症を感染症法の 5 類感染症に位置づけ、季節性インフルエンザと同様な取り扱いにすべきとの主張が根強くある。5 類感染症への変更は、保健所を介在させず保健所の業務を軽減するというメリットはあるが、患者の窓口負担（通常 3 割）が発生する。何より、発熱外来の医療機関が不足し、検査キットが足りないなどの現状を放置したまま、5 類に変えることは、医療機関に発熱患者が殺到し、かえって感染拡大を招く危険がある。5 類に変更するためには、少なくともコロナが収束するまでの窓口負担の軽減措置、検査体制の整備、発熱外来の医療機関の大幅増、経口薬の普及などの前提条件が満たされる必要がある。当面は、保健所の負荷をできるだけ軽減するため、地域医師会との連携をはかり、発熱外来による検査・診療を拡大していくべきであろう。

(2) 医療提供体制の課題

　医療提供体制の課題としては、病床削減を中心とした医療費抑制政策の転換と公的責任に基づく医療提供体制の再構築が求められる。

　具体的には、地域医療の実態を無視した、病床の機械的な削減をさせないため、地域医療構想に医療機関や住民の意見を十分に反映させることが必要である。医療関係者が中心となって、どの程度の医療需要があり、病床が必

要かを具体的に提言していく取り組みが重要となる。そもそも、稼働していない病床が多数存在しているのは、病床自体が過剰というより、必要な医師・看護師が確保されていないこと、つまり人手不足にあるとも考えられ、医師・看護師の確保を図る施策が求められる。各自治体は、病床削減を進めることを目的とした地域医療構想をいったん凍結し、抜本的な見直しをはかるべきである。

　また、公立・公的病院の再編統合リストは撤回し、高度急性期医療や不採算部門、過疎地域の医療提供などを担っているがゆえに経営の苦しい公立病院へ公費投入をはかり、国際的にみても少ない公立・公的病院の増設をはかっていくべきと考える。

　さらに、医師・看護師の計画的増員・養成が必要である。不足している絶対数の増員は当然だが、医師等の地域偏在を生む地域格差自体の是正が求められる。

　コロナ危機による医療崩壊は、日本の医療提供体制がいかに脆弱であるかを明らかにした。同時に、医療は「公共財」であることも再認識させた。国民・地域住民にはいつでもどこでも経済的負担能力に関わりなく最善かつ安全な医療を受ける権利があり、その権利を保障するために、国や自治体には、必要な人が、医療を受けられなくなることがないように（コロナ危機の中で生じたような医療崩壊を防ぐために）、医療提供体制を整備する公的責任がある。しかし、現在の法体系のもとでは、医療崩壊が生じた場合、住民が裁判によってこれを食い止めることは難しい[15]。公立病院廃止の差止めなどを住民が求めた訴訟では、最高裁は、行政機関に医療提供体制の整備を義務付けることの妥当性についての判断に立ち入ることなく、行政事件訴訟法上の要件がないとして、原告の請求を棄却している（最決2016年9月13日判例集未登載）。医療法に医療提供体制の確保についての国・自治体の直接的な義務規定を明記すべきであろう。

　また、民間医療機関についても、定員一杯の患者を受け入れ、ぎりぎりの医療従事者を配置することで採算をとらざるをえないような仕組みを改善し、

15　内田博文『医事法と患者・医療従事者の権利』（みすず書房、2021年）33頁参照。

病床に余裕を持たせるための診療報酬の底上げが必要である。具体的目安としては、入院医療では、地域医療構想が想定している病床利用率（高度急性期75％、一般急性期78％）でも十分な経営が成り立ち、適正利益（売上高比で概ね5％）が確保できる水準が目指されるべきである[16]。

　さらに、医療保険については、高い保険料負担や窓口負担のために受診が妨げられている（受給権が侵害されている）実態があり、保険料や窓口負担の軽減が急務である（第6章3参照）。

(3) 公衆衛生の課題

　公衆衛生については、まず、政令指定都市の全行政区に保健所を再建し、地区担当制を復活したうえで、保健所の増設と機能の拡充、保健師の増員を図り、公的責任に基づいた公衆衛生体制を確立すべきである。

　保健師の人員配置の基準は、総務省の定員の考え方に基づいて決められており、新興感染症の拡大など不測の事態に備えたゆとりある人員配置は難しいのが現状である。新型コロナの感染拡大で、保健所業務がひっ迫した時、各自治体では、保健師等の保健所職員の増員ではなく、他部署からの臨時の職員の応援という手法をとった。これを実績と評価したのか、保健所設置の都道府県や政令市などでは、次の感染拡大の波に備えて、庁内の他部署から臨時的に職員を派遣・動員する準備を進め、応援に入る職員を事前に決め、濃厚接触者等の調査手法についての研修を進めているという[17]。保健所業務の委託を考えている自治体も少なくない。しかし、保健所の業務は、感染症対策だけでなく、精神保健（自殺対策、DV対策など）、母子保健（乳幼児健診、乳児全戸家庭訪問事業など）など多岐にわたっている。コロナ危機の教訓を踏まえ、総務省の定員の考え方を見直し、国や自治体で保健所保健師等の大幅増員のための財政措置を早急に行うべきである。

　また、検査を担う地方衛生研究所を法律に位置づけ、国立感染症研究所と

16　同様の指摘に、二木・前掲注11）10-11頁参照。

17　波川・前掲注4）130頁参照。

ともに、人員・予算、研究費の拡充、調査・研究の強化を図る必要がある。同時に、公衆衛生を担う医師・保健師等の養成や専門教育の拡充を推進していくことが求められる。

　政府は、都道府県と医療機関に病床確保や発熱外来の設置について事前協定を結ばせ、感染流行時に協定に沿って対応できなかった場合に罰則を科すなどの仕組みや協力医療機関への財政支援を柱とする感染症法改正をめざしている。しかし、財政支援は限定的で、医療従事者確保の道筋はみえず、罰則頼みでは医療のひっ迫は避けられないだろう。現場の病床不足、人手不足解消のための公費投入を行ったうえで、国・都道府県と民間医療機関や民間検査機関等の位置づけを明確にし、医療機関による医療の配分と自宅療養者の健康観察を行える体制整備が求められる。

第2章 介護保険法と介護政策の課題

　介護を社会全体で支える「介護の社会化」の実現として、2000年からスタートした介護保険は、実施から20年以上を経過し、きわめて使いにくい（使わせない）制度に変貌している。そして、慢性的な人手不足にみまわれ、低く据え置かれた介護報酬で制度基盤が脆弱な介護の現場は、新型コロナの感染拡大で「介護崩壊」ともいうべき事態に直面した。本章では、給付抑制を中心としたこれまでの介護保険制度改革が、こうした「介護崩壊」を引き起こしたことを明らかにし、安心できる介護保障の確立に向けての課題を探る。

1　介護保険制度改革の展開と政策的帰結としての人手不足

(1) 介護保険制度改革の特徴

　介護分野では、介護保険制度改革と称する介護政策で、医療費抑制政策よりも厳しい介護給付費の抑制政策がとられてきた。また、介護分野では、医療分野の日本医師会のような強力な圧力団体がなく、当事者団体も脆弱なことから、制度見直しのたびに、徹底した介護給付費抑制と利用者負担増が進められ、介護現場の疲弊が進んでいる。

　介護保険は、予防重視を標榜し、新予防給付を導入するなどの大幅改正となった2005年の法改正からはじまって、3年ごとの介護報酬改定に合わせる

形で、3年ごとに制度改革が繰り返されてきた。とくに、近年の改革では、介護保険法単独ではなく、医療法などとともに一括改正の形で国会に法案が提出され重要な改正が断行されている点に特徴がある。

　具体的には、2014年に、医療法など19法律を一括して改正する医療介護総合確保法が成立し（第1章1参照）、介護保険法も改正され、要支援者の訪問介護・通所介護を保険給付から外し市町村事業に移行、特別養護老人ホームの入所者を要介護3以上に限定、一定所得者について利用者負担を2割負担化などの改革が行われた。2017年5月には、介護保険法など11の法律を一括で改正する「地域包括ケアシステムの強化のための介護保険法等の一部を改正する法律」が成立し、現役並み所得者について利用者負担を3割とするなどの改革が行われた。

　一括法案による法改正は、わずかな審議時間で法案が成立し、しかも細かな内容は政省令に委ねられる形で重要な改正が行われており、国会審議の形骸化を招いている。

(2) 介護報酬の低位据え置きと介護事業者の倒産等の増大

　介護報酬も、消費税増税にともなう2014年、2019年の臨時改定を除く、2018年度までの本改定のうち、名実ともに引き上げとなったのは、2009年度の改定（プラス3.0％）のみで、あとはマイナス改定、もしくは実質マイナス改定となっている。たとえば、2012年度の改定は1.2％のプラス改定だが、公費で行っていた処遇改善交付金を介護報酬に加算として編入したため、実質0.8％のマイナス、2018年度の改定もプラス0.54％だが、通所介護の減額を含めると実質0.5％のマイナス改定となっている（図表2-1）。

　2012年度の改定からは、加算による政策誘導の流れが強められ、加算の算定が困難な小規模事業所の差別化を加速させ介護事業所間での格差が拡大した。とくに、2015年度の改定では、公称改定率はマイナス2.27％だが、基本報酬部分で4.48％もの過去最大の引き下げとなった。介護保険がはじまってから基本報酬は平均で20％以上も下がっており、居宅介護支援事業に至っては、介護保険スタート以来、20年以上にわたって、事業の収支差率が一度も

図表 2-1　介護報酬の改定率の推移

改定年	改定率	
2003 年度	▲ 2.3%	
2006 年度	▲ 2.4%	施設入居者への居住費(ホテルコストの導入)
2009 年度	＋ 3.0%	
2012 年度	＋ 1.2%	実質▲0.8%(処遇改善交付金を介護報酬に編入)
2014 年度※	＋0.63%	※消費税増税に対応
2015 年度	▲2.27%	処遇改善等で＋2.21%、基本報酬で▲4.48%
2018 年度	＋0.54%	通所介護等で▲0.5% の適正化
2019 年度※	＋1.14%	※消費税増税に対応
2021 年度	＋ 0.7%	コロナ対応分を除けば＋0.65%

出所：厚生労働省資料より作成。

プラスになったことがなく、介護保険制度の指定事業であるにもかかわらず、「そもそも経営的に成り立たないという極めて不正常な状態」[1]が続いている。利用者からみても、要介護認定により設定される要介護度ごとの区分支給限度額（利用できるサービスの上限額）については、介護保険制度開始以来、全く引き上げがなされていない。

　こうした給付抑制＝介護報酬の引き下げに、新型コロナの感染拡大の影響が加わり、老人福祉・介護事業の倒産件数は、2020年には118件と過去最多を記録した（図表 2 - 2 。東京商工リサーチの調査による。以下の数値も同じ）。負債総額 1 億円未満が94件（倒産件数全体の79.6%）、従業員 5 人未満が79件（同66.9%）で、資金力に乏しい小規模・零細事業者の倒産が目立つ。サービス種類別でみると、深刻な人手不足に見舞われている訪問介護事業が56件（同47.4%）で半数近くを占め、ついで、通所・短期入所介護事業が38件（32.3%）となっている。老人福祉・介護事業の休廃業・解散も455件（前年比15%増）と、こちらも過去最多となっている。2021年の倒産件数は、新型コロナの感染拡大による政府の支援策の効果で、2020年に比べ減少したものの、2022年は、 1 ～ 9 月だけで、すでに100件にのぼっており、支援の効果が薄れつつあることに加え、光熱費などの高騰でコストが増大しており、

1　林泰則「介護—コロナで浮き彫りになった現実と課題」経済309号（2021年）43頁。

52

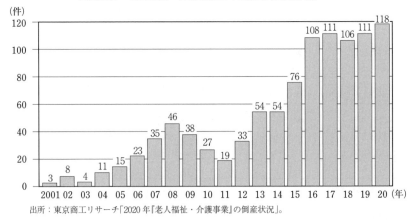

図表 2-2　老人福祉・介護事業の年次推移(倒産件数)

出所：東京商工リサーチ「2020年『老人福祉・介護事業』の倒産状況」。

過去最多を更新する可能性が高い。

(3) 上がらない介護職員の賃金、深刻化する人手不足

　介護報酬の抑制政策は、介護現場で働く介護職員の賃金の抑制をもたらしている。政府は、ここ10年来、処遇改善加算（2012年度〜）、特定処遇改善加算（2019年10月〜）など加算による介護職員の賃上げを行い、実績で合計月7万5000円の賃金引き上げ効果があったと説明している。しかし、介護職員の平均給与は、2016年と2020年を比較して、月額1万6000円増えたにとどまる（介護労働安全センター「介護労働実態調査」による）。全産業平均の月収水準との比較で、介護職員の月収は2012年で9万5000円も低く、2019年でも8万5000円も低くなっている。2020年は5万9000円の差に縮小したが、これは同年の全産業平均給与がコロナの影響で、前年より2万1000円も大幅に減少したことによる（厚生労働省「賃金構造基本統計調査」による）。

　介護職員の賃金が伸び悩んでいるのは、特別の加算を設けても、加算を算定できる事業者は限られていること、基本報酬が抑制・削減されているため、介護職員の基本給の引き上げにまで回っていないことによる。しかも、給与から天引きとなる保険料や税金の引き上げで、多くの介護職員の手取り額は、

ほとんど増えていない。介護現場で多くの割合を占める非正規・パート労働者の賃金は、介護保険制度開始以降、ほとんど横ばいである。

　給付抑制政策を中心とした介護保険制度改革（＝介護職員の賃金の抑制）は、当然の帰結として介護現場の深刻な人手不足を加速し、介護現場の労働を一層過酷なものとし、介護職員を疲弊させ働き続けることを困難にしている。特別養護老人ホームなど介護施設では、月に 6 〜 7 回の夜勤をこなす介護職員も珍しくなく、健康を害する介護職員も増大している。

　介護の仕事は、ある程度の経験と技能の蓄積が必要だが、必要な経験を積む前に多くの職員が仕事を辞めてしまっており、介護の専門性の劣化が進んでいる。すでに学生が集まらずに廃校に至った介護福祉士養成学校もあり、養成の基盤の毀損も回復困難な程度に達している。経験を積んだ介護職員の減少は介護の質の低下をもたらし、介護事故も増大している。

　中でも、人手不足が深刻なのは、在宅介護の要であるホームヘルパー（訪問介護員。以下「ヘルパー」という）だ。ヘルパーの年齢構成は65歳以上の人が 3 分の 1 を占め、高齢化が進んでいる。全国的に30代、40代のヘルパーのなり手がなく、現状のままでは、10年も経ないうちに、ヘルパーは枯渇していく可能性が高い。ヘルパーの訪問時間の短時間化も進められ、生活援助では45分以上は、いくらやっても同じ報酬となり、身体介護も長時間の単価が引き下げられ、賃金は上昇せず、駆け足介護といわれるように、やりがいも失われている。かくして、ヘルパーの有効求人倍率は、2019年の平均で、全産業平均の約15倍と異常な高水準に達している。こうした現状を放置している国の無策に、2019年11月に、訪問介護を担っているヘルパー 3 人が、介護報酬の引き下げが続く中、労働基準法違反の状態に置かれているのは国の責任として、国家賠償請求を提訴するに至っている[2]。

　また、介護現場では、慢性的な人手不足への対応として、人材派遣会社を利用する施設が増え、人材派遣の介護職員の確保が常態化しつつある。派遣会社等に支払う派遣料は、毎年高額化しており、事業者の経営を圧迫している。派遣会社経由で就職してもすぐ離職したり、トラブルも多い。ハローワ

---

[2]　ヘルパー国家賠償訴訟の原告当事者の声については、伊藤・消費税 15-16頁参照。

54

ーク（公共職業安定所）といった公的職業紹介事業が十分に機能しておらず、予算をつけて体制を強化するとともに、派遣料の上限設定など人材派遣会社への規制強化が必要である。

2　コロナ危機による介護崩壊と高騰する介護保険料

(1) 在宅サービスの惨状

　そして、医療から切り離されてきた介護の現場は、コロナ危機で深刻な状況に見舞われた。

　在宅介護では、少なくない通所介護（デイサービス）の事業所でクラスターが発生し、感染発生の事業所は休業に追い込まれた。感染が発生しなかった事業所でも、消毒や感染性廃棄物処理費用など対応費用が多額にのぼり、経営に大きな影響を与えている。また、感染拡大時の高齢者の利用控えや事業者側での受け入れの自粛などで、通所系サービスを中心に介護事業所は大幅な減収となり、いまだに利用者がコロナ前の通常の状態に戻っていない事業所も多い。前述のように、訪問介護事業所をはじめ小さな事業所は閉鎖や倒産が相次ぎ、介護保険のサービス基盤が大きく揺らいでいる。

　とくに、2022年の第6波・第7波では、感染力の強いオミクロン株の拡大で、介護職員の感染や濃厚接触者になる事例が激増、ぎりぎりの人員体制で行っている小規模の事業所では、勤務体制が組めなくなるところも出た。それでなくても、各事業所では、検温、換気、消毒作業などの業務負担が増え、感染に対する不安や家族の反対を理由とした退職も発生、現場の人手不足に拍車をかけている。また、医療提供体制のひっ迫で、陽性になっても入院できず自宅療養を余儀なくされる人が激増し、訪問介護を利用している要介護の高齢者が陽性となる事例も増大した。厚生労働省は、ヘルパーが陽性者の訪問介護に出向いた場合、職員の割増分の賃金などの助成を受けることがで

きるとし、人繰りの関係で対応が難しい場合などには、介護支援専門員（ケアマネジャー）と相談し、別の事業所を手配するよう求める通知を出したが、人手不足の中、別の事業所の手配も困難を極めた。

　訪問介護事業者の有志のネット署名などを受けて、厚生労働省は、新型コロナの陽性者や濃厚接触者に訪問介護サービスを提供した場合、ヘルパーなど職員に支払った割増賃金や特別手当について既存の補助事業の対象としていることの詳細を示した通知を出した。補助金の対象となる割増賃金は、訪問介護の場合、1 回のサービスにかかる賃金の倍だが、在宅医療でコロナ患者に対応している看護師に比べれば低い水準であり、課題は残る。

　コロナ禍で、コロナに感染していない要介護高齢者の状況も深刻である。一人暮らしの高齢者や老老介護の世帯、認知症高齢者のいる世帯では、サービス提供の中止や外出自粛で、認知症の進行や身体機能の衰えが起き、家族介護者の負担が増大している。

(2) クラスター相次ぐ高齢者施設

　高齢者施設ではクラスターが相次いだ。厚生労働省の調査（2022年 8 月15日〜21日）では、新型コロナによる高齢者施設でのクラスターの発生件数は、850件にのぼり、週ごとで過去最多となった。特別養護老人ホームなど高齢者施設に入所している要介護者の多くは基礎疾患をもっており、新型コロナへの感染は死亡リスクを高める。しかも、介護の現場では、感染症対策が脆弱なまま、その経験やノウハウも得ていないありさまで、第 6 波・第 7 波での高齢者施設でのクラスターの多発は、高齢者の死亡増による全体の死亡者数増加の大きな原因となった。

　医療崩壊が生じている地域では、病床の不足で、重症化のおそれのある要介護の高齢者が感染しても入院できない状況が続いた。また、入院患者に介護が必要な高齢の感染者が増大し、看護師の介護負担が増大するとともに、症状が回復しても自宅療養が難しい高齢者が多く病床が空かない状態が続いたことから、厚生労働省は、酸素吸入が必要なく症状が安定していれば、入院 4 日後を目安に自宅療養への切り替えを検討するよう推奨、高齢者施設に

医師や看護師を派遣し、高齢者施設内の医療体制を強化して早めの退院や施設内療養を促している。しかし、医療機関と同様の感染対策を施設内で講じることは難しく、この政府方針は、かえって高齢者施設でのクラスター発生の増加をもたらす結果となった。

　厚生労働省は、施設内療養の場合、陽性者の個室への隔離やゾーニング（他の入所者との生活空間の区分け）の実施、陽性者を担当する介護職員の固定などを求めているが、現状の職員配置基準や施設の構造、さらに深刻な人手不足で、これを実践することはほとんど不可能であった。また、施設入所の認知症や精神疾患をもつ高齢者が陽性者となった場合、隔離や感染対策の必要性が理解でききないため、対応は困難を極める。認知症の高齢者の場合、部屋が変わると不穏になり、陽性者を集めて隔離することができず、ベッドをカーテンで仕切る形で対応するしかなかった施設もあった。これでは施設内での感染拡大を防げるはずもない。第7波では、政府は、自治体と連携し、施設への医療チームの派遣などの対策を講じようとしたものの、感染の急拡大で、医療機関が対応しきれない事例が続出した。

　厚生労働省は、陽性者が入所し続ける場合は、原則すべての入所者への検査の徹底を求めているが、PCR検査の試薬が不足し、検査の実施も追いつかなかった。そもそも、オミクロン株の感染爆発の兆候が見え始めた2022年1月から定期的、頻回の検査を職員や入所者に行っていれば、これほどクラスターが多発することはなかっただろう。

　職員の感染も激増し、出勤停止が続出、ただですら人手不足の現場では、感染対策で膨れ上がった業務が回らず、職員の長時間労働が深刻化した。入所者の入浴回数を減らさざるをえないなどサービスの低下が目立ち、急激な感染拡大で、介護の体制が組めなくなり、やむえず、陽性が判明した無症状の職員が、陽性の入所者を介護せざるをえなかった高齢者施設もあったという。施設で感染者が出た場合には、感染対策の費用負担、新規利用者の中止や施設の一部閉鎖、併設の訪問介護事業所の閉所などの対応に追われ、施設側が大きな出費を余儀なくされ、施設内療養1人当たりの補助金額も基本15万円と低すぎ、施設経営を大きく圧迫する事態となった。

　感染していない入所者も、外出や家族を含め施設外の人との面会が原則禁

止となり、在宅の高齢者と同様、認知症の進行や身体機能の衰えが目立ちはじめている。繰り返される感染拡大と感染対策の長期化により、介護現場の疲弊は極限に達している。

(3) 高騰する介護保険料と高齢者の貧困化

　一方で、コロナ禍の中でも介護保険料は引き上げられ、とくに第 1 号被保険者である高齢者の生活を圧迫している。

　65歳以上の第 1 号被保険者の介護保険料は、市町村の介護保険事業計画に定めるサービスの見込量に基づく給付費の予想額等に照らして、おおむね 3 年を通じ財政の均衡を保つことができるよう算定され、政令の定める基準に従って条例で定め、3 年ごとに改定されている。第 1 号保険料の全国平均は、第 1 期（2000〜2002年度）は月額2911円であったが、3 年ごとの見直しのたびに一貫して上昇し続けており、2021年度からの第 8 期（2021〜2023年度）では同6014円と、第 7 期（2018〜2020年度）の5869円から145円増加（2.5%増）となり、初めて6000円を超えた。20年間で 2 倍以上に跳ね上がっている。

　第 1 号保険料は、所得段階別とはいえ、定額保険料を基本としており、低所得者に負担が重く逆進性が強い。2014年の法改正で、公費（消費税増税分）で低所得者の保険料負担の軽減を行う仕組みが設けられ（最大で 7 割軽減）、保険料の所得段階も 6 段階から 9 段階により細分化されたものの、低所得者の負担は依然として重い。月額 1 万5000円以上の公的年金受給者の保険料は、年金から天引きされる（特別徴収）。所得がなくても、無年金でも保険料は賦課され、この場合は市町村が個別に徴収する（普通徴収）。普通徴収では、世帯主および配偶者が連帯納付義務を負うなど、過酷な保険料負担となっている[3]。

　コロナ危機の中、年金給付が少ないために就労を余儀なくされていた高齢者の多くが失職し、しかも、年金給付もマクロ経済スライド等により引き下げられ実質的価値が目減りしている（第 5 章 4 参照）。これに加えて、年金

3　第 1 号被保険者の介護保険料の法的問題については、伊藤・介護保険法 248頁参照。

から天引きされる介護保険料の引き上げは、年金の手取りを減少させ、高齢者の生活をますます苦境に立たせ、貧困化を加速させている。

3　コロナ危機による介護崩壊への対応と限界

(1) 介護事業者等への支援

　コロナ危機による介護崩壊という状況に対して、政府は、2020年度の1次補正予算で「新型コロナウイルス感染症にかかる介護サービス事業所等に対するサービス継続支援事業」を創設、感染者の発生などで生じた介護事業者の損失を補填する仕組みを導入した。

　2020年度の2次補正予算では、「新型コロナウイルス感染症緊急包括支援交付金（介護分）」を拡充し、①感染症対策に要する物品購入、外部専門家による研修実施、感染症対策実施のためのかかりまし費用の支援、②新型コロナ感染症が発生または濃厚接触者に対応した介護施設・事業者に勤務し、利用者と接する職員に対して慰労金（20万円）の支給、それ以外の介護施設・事業所に勤務し利用者と接する職員に対して慰労金（5万円）の支給、③ケアマネジャーや介護サービス事業所によるサービス利用休止中の利用者への利用再開支援などの施策が実施された。しかし、利用者の減少等による介護事業者の減収に対する補填については、いまだに行われていない。

　さらに、介護報酬の臨時的取り扱いとして、通所介護など通所系サービスで、月ごとに定められた回数について、提供したサービス時間の区分より2段階上位の時間区分での介護報酬の算定ができることとされた。ただし、この取り扱いは、実際には利用していない時間分の利用者負担を課せられるため、利用者の同意を得ることが難しく、現場から批判が続出、撤回を求める声が広がり、2021年度の介護報酬改定で廃止された。

(2) 不備が露呈した検査体制

　新型コロナの感染拡大のたびに、高齢者施設でクラスターが発生するが、施設や事業所での感染拡大を防ぐには、ワクチン接種の推進とともに、検査体制の整備が不可欠である。

　政府は、高齢者施設の職員などへの定期的な社会的検査の支援を提起し、2021年2月に改定された基本的対処方針で、特定都道府県（東京都、大阪府など10都府県）に対し、感染多発地域の高齢者施設の従業員等の社会的検査の集中実施計画を策定し、3月末までに「少なくとも1回以上の検査」を求めた。しかし、政府の方針は、検査の頻度や対象が明確ではなく、通所施設や新規入所者を含めるかも自治体任せであった。結局、2021年3月末で、実施計画に基づいて検査が実施された施設は、対象施設2万9145施設のうち1万5388施設と約半分（52.8%）にとどまった（厚生労働省調べ）。各都道府県が策定した同年4〜6月中の実施計画には、対象施設数の拡大などが盛り込まれているものの、入所施設と同様に感染リスクの高い通所型施設を含めていない自治体が大半であり、検査数も月1回程度、多くて月2回程度にとどまる自治体が多く、全く不十分であった。

　しかも、2021年10月以降は、感染者数の激減を受けて、検査体制の縮小が図られた結果、前述のように、2022年1月以降のオミクロン株による感染の急拡大に検査が追い付かず、高齢者施設でのクラスターが多発、多くの高齢者が死亡する事態を招いたのである。

(3) 第1号被保険者の介護保険料の減免

　コロナ禍の中で、介護保険料の減免措置に対する財政支援も行われた。

　第1号被保険者の介護保険料については、保険者である市町村は、条例で定めるところにより、「特別の理由がある者」について保険料の減免または徴収の猶予を行うことができると規定されている（介護保険法142条）。この減免等の要件となる「特別の理由」は、災害など突発的な事情により著しい

損害が生じた場合に限定され、恒常的な生活困窮は含まないと解されている（現行の保険料減免の問題点については、第6章4参照）[4]。

　新型コロナ感染拡大の影響による収入の減少といった事情は、災害などと同様、突発的な事情として、減免要件である「特別の理由」に該当するとされる。この規定に基づき、条例により、第1号被保険者の減免等を実施した保険者に対して、2021年度補正予算で、減免総額の全額を介護保険災害等臨時特例補助金および特別調整交付金により財政支援する措置がとられた。しかし、2022年4月以降については、介護保険料の減免分の財政支援の予算措置が十分なされておらず、保険料減免を縮小もしくは廃止する市町村が出てきている。

4　さらなる給付抑制政策の展開

(1) 2021年の制度改革

　介護保険制度改革では、さらなる給付抑制政策を進めるべく、すでにコロナ禍以前から、2021年の制度改革に向けて、①ケアプラン作成の有料化、②利用者負担の原則2割化、③要介護1・2の人に対する生活援助の市町村の地域支援事業化（保険給付外し）、④補足給付の見直し、⑤高額介護サービス費の見直しといった改革案が提示されていた。社会保障審議会介護保険部会は、2019年12月に「介護保険制度の見直しに関する意見」を取りまとめ、2020年の通常国会で、介護保険法や社会福祉法などを一括改正する「地域共生社会の実現のための社会福祉法等の一部を改正する法律案」が成立した。

4　住民税非課税の低所得者に対して、介護保険料の減免を認めないことが憲法25条に反するかが争われた旭川市介護保険条例事件では、最高裁は違反しないと判示している（最判2006年3月28日判時1930号80頁）。同判決の問題点および批判については、伊藤・介護保険法 261-264頁参照。

　改革案のうち、①のケアプラン作成などの居宅介護支援の有料化（利用者負担の導入）は長らく議論されてきているが、介護支援専門員の団体や自己作成プランの増大により事務作業の増大を懸念する保険者（市町村）からの反対などもあり、導入は見送られた。同様に、②の利用者負担増も見送られた。また、③は、要介護認定を受けている人のうち平均して半分が要介護1・2の判定であり（厚生労働省「介護保険事業状況報告月報」による）、影響が大きいうえに、介護保険部会でも時期尚早という意見が優勢で、こちらも見送られた。結局、2021年の制度改正で実施されたのは、④と⑤の見直しにとどまった。しかし、④の補足給付の見直しの影響は次にみるように大きなものとなっている。

(2) 補足給付と高額介護サービス費の見直し

　補足給付（特定入所者介護サービス費）は、介護保険施設入所者や短期入所（ショートステイ）の利用者（市町村民税（住民税）非課税世帯）を対象に、食費や居住費を軽減するもので、2005年10月からの食費・居住費の自己負担化にともなって、低所得者の負担軽減の目的で創設された。特別養護老人ホームの入所者の約8割の人が受給している。
　2015年8月から、補足給付の支給要件に資産なども勘案されることとなり、一定以上の預貯金（単身世帯で1000万円以上、夫婦世帯で2000万円以上）がある人や配偶者要件（世帯分離をしても配偶者が市町村民税課税の場合）に該当すれば、補足給付の対象外になった。また、2016年8月からは、非課税年金（遺族年金や障害年金）も収入認定の対象に加えられた。補足給付の対象外となれば、特別養護老人ホームの個室入所者で、月4万円程度の負担が10万円超と、大幅な負担増となる。実際、配偶者要件に該当し、補足給付が打ち切られたため、特別養護老人ホームに入所していた妻を自宅に引き取り「老老介護」をはじめた高齢者もいる（2016年11月14日の熊本県高齢者大会での当事者発言による）。
　2021年8月からの補足給付の見直しでは、所得区分が細分化され、第3段階（世帯全員が市町村民税非課税かつ本人年金収入等が80万円超）を「第3

62

図表 2-3　補足給付の所得段階区分の見直し

	見直し前（〜 2021・7）	見直し後（2021・8〜）	
第1段階	生活保護被保護者等	変更なし	
第2段階	市町村民税非課税世帯 本人年収80万円以下	変更なし	
第3段階	市町村民税非課税世帯 本人年収80万円超	第3段階①	本人年金収入80万円超120万円以下
		第3段階②	本人年金収入120万円超

出所：厚生労働省資料より作成。

段階（1）（本人の年金収入等が80万円超120万円以下）」と「第3段階（2）（同120万円超）」の2つに区分し、預貯金などの資産基準は、第1〜3段階はともに1000万円以下だが、第2段階は650万円以下（夫婦で1650万円以下）、第3段階（1）550万円以下（夫婦で1550万円以下）、第3段階（2）500万円以下（夫婦で1500万円）とより厳しくなった（図表2-3）。

　この見直しにより、特別養護老人ホームの多床室の利用者（市町村民税非課税の単身者）で、年収が120万円を超す人は（預貯金額500万円以下でも）、自己負担額が月約2万2000円増え、短期入所利用者の場合は、年収120万円以下の人を含め、生活保護の利用者などを除き食費が引き上げとなった。第3段階（2）の人の引き上げ幅が最も大きく、食費は1日650円から1300円に2倍となった。厚生労働省によれば、捕足給付を利用している人は、約100万人（2019年3月時点）で、約27万人の負担が増えると見込まれており、実際に、捕捉給付の総額は278億9100万円（2021年7月分）から206億4000万円（同年8月分）へ26.0％のマイナスとなっている（その分が利用者本人負担に転嫁されたわけである）。

　また、高額介護サービス費は、医療保険の高額療養費に合わせる形で上限額が引き上げられた。収入約383万円以上の現役並み所得者の負担上限額は、改正前は月に一律4万4000円であったが、2021年8月以降は、収入約770万以上約1160万円未満（課税所得約380万円以上約690万円未満）の人で9万3000円、収入約1160万円以上（課税所得約690万円以上）の人で14万100円とされ、最大で10万円近くの引き上げとなった。介護サービスの利用者本人または同一世帯の65歳以上の家族が条件に該当すれば対象となるが、この条件の該当者は、介護保険サービスの3割負担の対象者（単身世帯で所得340万

円以上）でもある。

（3）補足給付見直しの問題点と課題

　こうした補足給付の見直しは、入所者・利用者に広範囲に及ぶ深刻な影響を及ぼしている。全日本民主医療機関連合会（民医連）が公表した調査結果（加盟の介護保険施設47施設、短期入所64事業所の回答を集計。2021年12月）によると、介護保険施設入所者で2021年7月末に補足給付を受けていた1789人のうち、資産要件の厳格化で251人（14.0％）が補足給付から外れ、居住費・食費が全額自己負担となり、補足給付の対象に残った入所者の中でも、第3段階（2）に該当して食費負担が倍増した人が641人（41.7％）にのぼった。短期入所の利用者では、同年7月末に補足給付の対象だった477人のうち、対象外になったのが64人（13.4％）、捕足給付の対象に残った利用者の中でも、食費の自己負担が増えた人が358人（86.7％）にのぼり、その半数近くが第3段階（2）となり、食費負担が倍増した。

　全体的な傾向として、特別養護老人ホームに比べて短期入所の食費の値上げ対象者が多く、利用者の9割近くが負担増となり、短期入所の利用控えが広がっている。また、資産要件の厳格化で補足給付の対象から外れた人は、都市部の自治体で多い。

　民医連の調査では、入所を継続するために個室から多床室への変更などさまざまな対応が講じられ、家族の経済的負担が増え、生活費を切り詰めているとの報告が多数寄せられた。また、短期入所では利用日数を減らしたケースが報告され、担当職員から家族の介護負担の増大を危惧する声も寄せられたという[5]。補足給付が受けられないことがわかり、特別養護老人ホームの入所申込を辞退した事例もある。

　とくに給付対象外になった人は、厳しい状態にある。預貯金を取り崩し、資産要件の500万円以下を満たせば再び補足給付が受けられるようになると

---

[5]　林泰則「介護保険制度補足給付見直しの問題点─全日本民医連影響調査から」隔月刊社会保障501号（2022年）16-17頁参照。

はいえ、公的な補助を受けたければ、預貯金を食いつぶせと求める仕組みは、高齢者にはあまりに過酷ではないか。しかも、こうした見直しが、コロナ危機のもとで断行されたのである。休業や失職により家計の経済状況が悪化し、費用負担が困難になっている入所者や利用者の家族は、さらなる負担増で生活苦を加速させている。市町村民税非課税という低所得世帯をターゲットに、自らの葬式費用などとして少ない年金からこつこつと貯めてきた貯金まで奪いとるような補足給付の見直しは、憲法違反（生存権、人格権侵害）の疑いがある。補足給付における資産要件および配偶者要件は撤廃し、非課税年金を収入認定から外す必要がある。そもそも、保険料拠出を前提とする社会保険方式の介護保険において（住民税非課税の高齢者でも、介護保険料を負担している）、公的扶助（生活保護）のような資産調査を伴う資産要件を導入すること自体、合理性がない。

(4) 2024年制度改正に向けて

　2024年の介護保険制度改正に向けては、すでに、2021年5月に、財務省の財政制度等審議会が「財政健全化に向けた建議」を取りまとめ、2024年度の制度改革案を提言し、2022年4月の同審議会の建議でも同様の内容の要求を提示している。

　その内容は、①利用者負担の2割への段階的な引き上げ、②ケアプラン作成の有料化、③福祉用具貸与のみを位置づけたケアプランの介護報酬の引き下げ、④介護老人保健施設、介護医療院の多床室における室料の全額自己負担化、⑤区分支給限度額の対象外の加算に対する特例措置の見直し、⑥訪問介護と通所介護を利用する軽度者（要介護1・2）の市町村の地域支援事業への移行など多岐にわたる。

　このうち、①②⑥については、2021年の制度改革案でも提示され見送りになっていた懸案だが、②⑥については、いまだに反対が強く、2024年制度改正でも実現可能性は低い。これに対して、①の利用者負担の2割への引き上げは、前述のように、75歳以上の高齢者（年収200万円以上）の自己負担が2割となったこととの整合性を名目に（第1章6参照）、同様の基準（年収

200万円以上）で 2 割負担化される可能性が高い。 3 割負担となる現役並所得者の基準は、すでに医療保険の基準に合わせて引き上げられている。

　④は、2021年制度改正では、介護療養病床の廃止と介護医療院への移行を優先したこともあり見送られたが、2023年度末での介護療養病床の廃止が確実視されるため、2024年の制度改正で導入される可能性が高い。

　年金の受給額が減少傾向にある中、度重なる自己負担増は、高齢者の家計を圧迫し、必要な介護サービスを利用できない高齢者が続出する結果を招くだろう。

5　介護保険をめぐる現状

(1) 2021年の介護報酬改定の概要と問題点

　コロナ禍の中での2021年度の介護報酬改定（以下「2021年改定」という）は、前回2018年度の改定（0.54％プラス）を上回る全体で0.7％のプラス改定となった（図表 2 - 1 ）。ただし、0.7％のうち0.05％は、新型コロナに対応するための感染症対策の経費とされ（特例的評価）、全サービスの基本報酬に0.1％が上乗せされ、2021年 9 月末で終了した。2021年10月からは、施設等からの申請により、介護施設については 6 万円を上限に、他のサービスも個別に上限を設定した実費補助が行われている。

　コロナ対応分を除けば、0.65％のプラス改定では、現在の深刻な人手不足を解消することは、とうてい不可能だろう。しかも、すべての事業者の収入が一律に引き上げられるわけではなく、加算の上位区分や新設加算を算定できる事業者が増収となり、既存加算の下位区分の大半は報酬がダウンしているため、大きな減収となる事業者もでている。

　また、2021年改定では、テクノロジー機器の導入と職員配置基準の緩和がセットで盛り込まれた。たとえば、特別養護老人ホームでは、見守りセンサ

一等の機器の導入を要件に、利用者26〜60人あたりの夜間職員を「２人」から「1.6人」に減員できること、介護保険施設の１ユニットの定員を「おおむね10人以下」から、「おおむね10人以下とし15人を超えないもの」とすることなどである。利用者定員を増やすことで、実質的に職員配置基準を引き下げ、増員なしに人手不足に対応しようというわけである。認知症高齢者グループホームの夜勤体制も、１ユニット１人という原則は維持されたものの、３ユニットの場合で、各ユニットが同一階に隣接しており、職員が円滑に利用者の状況把握を行い、速やかな対応が可能な構造で、安全対策（訓練の実施など）をとっていることを条件に、例外的に夜勤２人以上の配置に緩和できることとされた（つまり３ユニットに２人配置も可能となる）。しかし、夜勤の体制は１ユニットで、最低でも２人体制とすべきであろう[6]。

　そもそも、テクノロジー機器の導入で人員を減らせるエビデンスはない。たとえば、センサーの設置で、認知症高齢者の徘徊を察知できたとしても、その高齢者を呼び戻すためには、人間の手が必要となる。むしろ機器の監視など、逆に現場の労働強化につながり、心身の過労による休職・離職で人手不足に拍車がかかる可能性が高い。にもかかわらず、政府は「生産性の向上」の名のもと、機器の導入を要件に、人員配置基準を引き下げる検討をはじめ、有料老人ホームを皮切りに、入所者３人に職員１人の配置基準を４人に１人に引き下げることが提案され、2022年度より、厚生労働省が実証事業を開始している。しかし、そもそも、製造業の分野で用いられている「生産性」という発想を、人権保障を目的とする対人援助の介護分野に持ち込むこと自体全くの筋違いである[7]。

　さらに、「LIFE（科学的介護）」というデータベースを導入することで加算がとれる仕組みが創設された。しかし、データ入力事項が膨大なため、人や時間が割けないなどの理由で、導入は進んでいない。データ化や結果の評価が可能な科学的介護なるものが存在するのかはなはだ疑問だし、職員配置

6　同様の指摘に、鈴木守男「2021年介護報酬改定でどうなる介護現場」医療労働645号（2021年）29頁参照。

7　林泰則「介護保険『抜本提言』、だれもが安心できる介護保障へ」経済321号（2022年）87頁参照。

基準の引き上げや待遇改善による人手不足の解消なしに、「質の高い介護」など実現できるはずもない。

　なお、2021年改定で、前述のように、通所系サービスにおいて、2段階上位区分（時間）の報酬算定を認めた仕組みは廃止されたものの、報酬がより高い事業規模区分での算定が加算の形ではあるが新たに可能となり、追加的な利用者負担が発生する仕組みは残ったままである。

（2）介護職員等の処遇改善

　政府の推計では、2025年に、32万人の介護職員が不足することが見込まれているが（第8期介護保険事業計画の推計による）、人材確保の見通しはたっていない。政府は、看護職員と同様、介護現場で働いている介護職員等の処遇改善も打ちだし、2021年度の補正予算で「介護職員処遇改善支援補助金」が創設された。同補助金は、2022年2月～9月にかけて、賃金改善を実施した介護事業所等に、介護職員一人当たり月額平均9000円の賃金引上げに相当する額を、全額国庫負担（999.7億円）で補助金として交付するもので、対象となるのは、2022年2月時点で、介護職員処遇改善加算Ⅰ～Ⅲを取得している事業所であり、介護サービス種別ごとに介護報酬総額の0.5～2.1％を上乗せした額が支給された。同加算が設定されていない訪問看護、訪問リハビリ、福祉用具貸与・販売、居宅介護支援に従事する介護支援専門員や訪問看護師、福祉用具専門相談員などは対象外である。

　月9000円の賃上げといわれるが、実際には、介護報酬総額に賃上げ相当額が上乗せされるだけで、事業所によって賃上げ幅は異なり、介護職員全員が9000円賃上げされるわけではない。しかも、前述のように、対象外の職員の賃金に対しても手当しようとすれば、その分を補助金から回さなくてはならず、1人当たりの賃上げ額は減少する。実際に、介護職員の賃上げは平均で月5000円程度にとどまっている。かりに月9000円の賃上げがあったとしても、全産業平均並みの賃金水準には遠く及ばず（現場では「一桁」足りないと批判されている！）、これでは現場の人手不足は解消されないだろう。

　しかも、2022年10月以降は、賃上げの財源が全額国庫負担の交付金から介

護報酬加算（介護職員等ベースアップ等支援加算）に切りかえられた。これにより、加算分に占める国の負担は大幅に減少し、利用者負担などに転嫁されたことになる。それは将来的には、介護保険料の引き上げにもつながる。後述する介護保険のジレンマである。現在の深刻な人手不足を解消するためには、加算方式ではなく、公費による補助金で、すべての介護労働者に全産業平均水準の賃上げを実現すべきと考える[8]。

(3) 家族介護の負担増とヤングケアラーの問題

　介護保険制度改革による給付抑制の連続で、介護保険が使えない制度となっていく中、利用者負担等が困難な低所得世帯を中心に、「介護の社会化」（それとても、もはや政府から聞かれなくなった理念だが）から在宅介護（つまりは家族介護）への逆流現象が生じている。家族介護の負担増や介護疲れが背景にある60歳以上の親族が加害者になった殺人事件（いわゆる「介護殺人」）は、平均して、年間40件にのぼるという調査もある[9]。

　また、近年、ヤングケアラーの問題が注目を浴びている。「ヤングケアラー」とは法令上の定義はないが、厚生労働省の定義では「家族がケアを必要としている場合に、大人が担うようなケアを引き受け、家事や家族の世話、介護、感情面のサポートなどを行っている18歳未満の子ども」とされており、同省の調査では、中学生のおよそ17人に1人が何らかのケアを担っているとされる。介護保険の給付抑制策とそれによる家族介護への回帰（もしくは強要）が、複数の構成員がいる家族では、若年者であっても介護負担を分担せざるをえない傾向を強め、ヤングケアラー問題の温床になっているともいえる[10]。

8　日下部雅喜・松尾由紀・鈴木森夫「誌上座談会・介護の現場から―介護保険見直しに求める」経済321号（2022年）77頁（日下部発言）は、介護職員に、全産業平均並みの賃金を保障するには、1人月9万円×介護労働者200万人×12か月＝約2.2兆円の財政出動が必要と試算している。
9　湯原悦子「家族介護と介護殺人」放送大学教材『家族問題と家族支援』（放送大学教育振興会、2020年）238頁以下参照。
10　同様の指摘に、澁谷智子『ヤングケアラー―介護を担う子ども・若者の現実』（中公新書、2018年）12頁参照。

6　安心できる介護保障の仕組みに向けて

(1) 介護崩壊を防ぐための課題

　以上のようなコロナ危機のもとで、介護現場が直面している困難を打開する喫緊の課題としては、第1に、高齢者施設の職員、在宅サービスの従事者への迅速なワクチン接種の促進とともに、すべての介護労働者（事務職も含む）や施設入所者などに対して定期的なPCR検査（少なくとも週1回）を全額国庫負担で実施する必要がある。新型コロナウイルス感染症への罹患による福祉施設の介護労働者の労災は、2020年には1600件発生しており、全産業の26.5％を占め、突出して高くなっている（厚生労働省「2020年労災発生状況」）。また、高齢者施設でのクラスターの発生を防ぐためにも、検査体制の拡充は早急に行うべきである。

　第2に、資材不足は改善されてきたとはいえ、ゴム手袋をはじめとしてマスク、消毒液、フェイスシールド、防護服を国の責任で確保、製造し、高齢者施設・事業者に対して安定した供給ができる体制を構築すべきである。

　第3に、高齢者施設で感染者、濃厚接触、クラスターが発生した場合には、感染者をただちに入院治療に移し、それにともなう減収、利用者の減少に伴う損失の経済的補填、人的支援を行うべきである。同時に、感染者の発生していない介護事業所に対しても、利用者の減少などに伴う減収を公費で補償すべきである。そもそも、高齢者施設は医療機関のような感染症対策を講じることが困難であり、前述のようなクラスター化の危機を抱えている。高齢者施設への医療従事者の派遣も行われてはいるが限界がある（第1章4参照）。施設内療養は原則として行わず、例外的な場合に限定し、感染した高齢者が全員入院できるだけの臨時の医療施設を設置するなど医療提供体制を整備する必要がある。

(2) 介護保険のジレンマ

　もともと、介護保険は介護保険料と介護給付費が直接連動する仕組みであり、介護保険施設や高齢者のサービス利用が増え、また、介護職員の待遇を改善し、人員配置基準を手厚くして、安心できる介護を保障するため介護報酬を引き上げると、介護給付費が増大し、介護保険料の引き上げにつながる仕組みになっている。介護報酬単価の引上げは、1割の利用者負担の増大にもはねかえる。

　そして、現在の介護保険の第1号被保険者の保険料は、前述のように、定額保険料を基本とし、低所得の高齢者ほど負担が重いうえに、月額1万5000円以上の年金受給者から年金天引きで保険料を徴収する仕組みで（特別徴収）、保険料の引き上げには限界がある。結果として、保険料の引き上げを抑制するために、給付抑制策が法改正のたびにとられてきたし、現在も続いている。介護保険のジレンマといってよい。

(3) 介護保険の改革案

　こうした介護保険のジレンマを克服するために、以下のような制度改革が必要と考える。

　まず、介護保険料を所得に応じた定率負担にし、賦課上限を撤廃するなどの改革が不可欠となる。実際、ドイツの介護保険では、保険料は所得の2％程度の定率負担になっている。そのうえで、住民税非課税の被保険者については介護保険料を免除とすべきである。そもそも、住民税も課税されないような低所得の人から保険料を徴収すべきではない。

　同時に、身体的自立度に偏向している現行の要介護認定を廃止し、介護支援専門員と本人・家族の合議でケアプランを作成し、ケアプランに基づくサービスをすべて利用できる仕組みとすべきである。要介護認定の廃止は、「認知症の人と家族の会」も提言しており[11]、廃止により年間600億円の要介護認定の事務費が軽減できる。要介護度ごとに設定されている支給限度額も

廃止となり、支給限度額に縛られず必要なサービスの利用が可能となる。

　介護人材の確保については、人員配置基準を引き上げたうえで、介護報酬とは別枠で、介護職員だけでなく看護職員や事務職員も対象とした全額国庫負担による処遇改善交付金を創設すべきと考える。なかでも、人材不足が深刻なヘルパーについては、訪問介護部門を介護報酬の仕組みから切り離し、介護保険制度創設前のように、市町村の直営・委託で行う方式にして、公務員として採用していくべきであろう[12]。

　さらに、施設建設費補助への国庫補助を復活させ、希望者が入所できるだけの特別養護老人ホームの増設を進め、補足給付については資産要件を廃止する必要がある。

　加えて、家族介護者に対する現金給付を介護保険の給付として制度化すべきである。ドイツでは、現金給付が制度化されており、現金給付とサービス給付とは選択でき、あるいは併用することも可能である（ただし、現金給付の支給額はサービス給付よりも低くなる）。現金給付を選択した場合でも、保険者である介護金庫は、適切な介護がなされているかを調査するため、介護等級に応じて、定期的にソーシャルステーションの職員を、現金給付受給者宅に派遣することが義務付けられている。さらに、家族介護を社会的に評価し、家族介護者と要介護者との間に就労関係を認め、自治体が介護者の労災保険料を全額負担することで、介護者が介護に基づく傷病に遭遇した場合には、労災の給付がなされる。

　日本では、家族などの介護者に対する支援は、地域支援事業の中に位置づけられているが、任意事業のため、自治体によって実施にばらつきがある。支援の内容も、介護者交流会の開催や相談事業などにとどまり、家族介護慰労金のように事業として存在していても、要件が厳格なため、ほとんど利用者がいないなど、さまざまな問題があり、実効的な介護者の支援策は皆無といっても過言ではない。前述のヤングケアラーへの支援も、現状では皆無に

11　認知症の人と家族の会編『提言・要介護認定廃止―「家族の会の提言」をめぐって…』（かもがわ出版、2010年）第Ⅰ部参照。

12　同様の指摘に、結城康博「訪問介護における疑似的市場の限界」週刊社会保障3152号（2022年）60頁参照。

72

等しい。ドイツのような現金給付を導入すれば、家族介護者の労働の権利を保障することができるし、家族介護者の負担を軽減することで、悲惨な介護殺人・心中事件も減らしていけるはずである。そして、それに伴う介護保険料の引き上げについては、定率保険料の導入のような抜本改革で対応すべきである。

(4) 介護保険から介護保障へ─総合福祉法の構想

とはいえ、いまや介護保険そのものが、給付抑制と負担増の連続で、保険料を払っても給付がなされない「国家的詐欺」[13]と称されるまで、制度としての信頼を失っている。高齢者の介護保障を社会保険方式で行うことの限界は明らかで（第6章6参照）、介護保険法は廃止し、自治体の責任で高齢者や障害者への福祉サービスの提供（現物給付）を行う全額税方式の総合福祉法を制定すべきと考える[14]。また、現在、医療制度改革により、必要な医療やリハビリが受けられなくなった高齢者の受け皿として介護保険の給付を再編していく方向がみられるが（いわゆる「地域包括ケアシステム」）、こうした政策は介護保険の給付抑制策により破綻している。介護保険の給付のうち、訪問看護や老人保健の給付などは医療保険の給付に戻すべきである。ただし、その場合は、医療保険の負担が増えるので、それについては、公費負担や事業主負担の増大により対応していくべきだろう。

1990年代後半から、社会福祉分野では、社会福祉基礎構造改革と称して、自治体の責任でサービスを提供（現物給付）する措置制度の解体が進められた。介護保険法は、その先駆けと位置付けられ、自治体による直接的なサービス給付（現物給付）から、要介護認定により給付資格を認められた要介護者（サービス利用者）へのサービス費用（の原則9割分）の償還給付（現金

---

13 伊藤周平・日下部雅嘉『新版・改定介護保険法と自治体の役割─新総合事業と地域包括ケアシステムの課題』（自治体研究社、2016年）141頁（日下部執筆）。

14 総合福祉法の構想について詳しくは、障害者生活支援システム研究会編『権利保障の福祉制度創設をめざして─提言・障害者・高齢者総合福祉法』（かもがわ出版、2013年）第3章（伊藤周平執筆）参照。

給付）へと変えられた（個人給付方式）。同時に、株式会社など多様なサービス供給主体の参入が促進され（福祉の市場化）、利用者が事業者と契約を締結してサービスを利用する仕組みに転換された（直接契約方式）。こうした個人給付の仕組みでは、本来は要介護者が受け取る給付費を事業者が代理受領することとなり、措置制度の委託費（補助金）のような使途制限はない（株式会社が株主の配当金に回すことも可能）。同時に、代理受領である以上、事業者が株式会社などの営利企業であっても「公の支配に属さない」事業に公金を投入することを禁じた憲法89条に抵触することもない。つまり、営業企業の参入の促進するため、あえて個人給付方式（「サービス費償還＋代理受領」）という複雑な手法を採用したといえる。とはいえ、介護など社会福祉事業は人件費が7割を占める中、人件費・事務費などの使途制限がないこの方式では、とくに営利企業は、利益確保のため、人件費を削減する方向に向かい、確実に、介護職員の労働条件は悪化する。実際に、営利企業の介護事業者の中には、人件費率が5割を切るところも珍しくない。個人給付方式から、市町村が直接的な福祉サービス提供の責任を負う方式に転換する必要がある。これにより社会福祉事業は、自治体の委託費を受けて運営することになり、運営の安定性を確保できる。委託費（公費）を増額していけば、介護職員の基本給の底上げなど労働条件の改善も可能となる。

　政府の介護保険制度改革は、広範にわたり、その速度も速く、介護現場は改革のつどに翻弄され、目の前の対応に追われている。そうした状況だからこそ、コロナ危機で明らかになった介護保険の問題点を踏まえつつ、安心できる介護保障に向けて、介護保険の代替案を含め、改善を求めていく取り組みを進めていく必要があろう。

第3章 保育の法と政策の課題

　新型コロナの感染拡大は、保育の現場にも深刻な影響を与えている。本章では、コロナ危機のもとでの保育所・学童保育の状況を概観し、政府の対応策の問題点を明らかにしたうえで、保育の法と政策の課題を展望する。

1　コロナ危機のもとでの保育所

(1) 一斉休校、緊急事態宣言のもとでの保育所

　まず、コロナ危機のもとでの保育所の状況と政府の対応を時系列的に辿っていこう。

　日本での新型コロナ感染拡大が顕在化しはじめた2020年2月27日、政府は、突如、同年3月はじめからの全国の小中学校の一斉休校を要請、これを受けて、厚生労働省は、同日、事務連絡を発出し、保護者の就労や春休みのないことなどを理由に、保育所は原則開所を求めた。同時に、保育所の園児や職員が新型コロナ感染症に罹患した場合や地域で感染が拡大した場合には「臨時休園を検討されたい」としつつ、その場合の対応として、「訪問型一時預かり」や「保育士による訪問保育等の代替措置」を講じることも求めていた。しかし、これらの代替措置については、地域での実施体制が整っておらず非現実的なものであった[1]。

　政府の側では、あくまでも登園自粛要請にとどまり、最終的な判断は自治体に委ね、それに伴う責任も自治体に丸投げというスタンスであった。結果として、自治体によって判断と対応はバラバラとなり、保育の現場は大きな混乱に見舞われた。

　その後、2020年度の第1次補正予算（2020年5月成立）で、介護施設や保育所、障害者施設などでの消毒液の購入などの新型コロナの感染拡大の防止に必要な費用として50万円までの補助がなされた。しかし、政府の感染症対策は、現場に丸投げで、この程度の財政支援では十分とはいえなかった。何よりも、全国の保育所では、この時点で、マスクや消毒資材の不足が顕著となっており、予算を使いきれた施設は少なかった。

　そして、2020年4月7日、東京都など7都府県に緊急事態宣言が発令された。同日付けの厚生労働省の事務連絡「緊急事態宣言後の保育所等の対応について」では、保護者に登園自粛を要請しつつ、保育所は「休止要請の対象外」となった。原則休園を打ち出す自治体もあり、自治体間の対応がわかれた。自主的な登園自粛もみられ、保育所の利用は大きく減少し、この時期、保育の縮小がみられた。

　もっとも、保育所では、臨時休園や利用の減少があっても、月初めの年齢別の在籍児童数をもとに公定価格が算定され認可保育所には委託費が支払われる仕組みであり、収入が保障される。この点は、利用実績に応じて給付費（報酬）が支払われる介護保険の介護事業所などと異なる（第2章2参照）。後述のように、保育の公的責任（市町村の保育実施義務）が制度的に維持されたことで、コロナ危機のもとでも、介護事業所のような利用者の減少による経営難や従事者の給与減、ボーナスカットなどには至らなかったのである。

　ただし、休業中の賃金を支払わなかったり、労働基準法が義務付ける休業手当（賃金の6割）しか支払わない保育所が出たため、内閣府・厚生労働省は「新型コロナウイルス感染症により保育所等が臨時休園等を行う場合の公定価格等の取り扱いについて」（2020年6月17日）を発出し、公的価格等の

1　逆井直紀「コロナ禍と保育をめぐる国・制度の動向」全国保育団体連絡会・保育研究所編『保育白書・2020年版』（ひとなる書房、2020年）181頁参照。

対象となる職員の人件費については、通常の状態に基づき算定を行い保育所の収入が確保されていることから、臨時休園等により職員を休ませた場合も、休ませた職員について通常どおりの賃金や賞与等を支払うなどの対応を求めた。また、同通知で、保護者の支払う保育料も原則日割り計算で減免が行われることとされた。

　一方で、国・自治体からの財政支援がない認可外保育施設の場合は、利用の減少で、たちまち経営が行き詰まり、財政基盤の脆弱な施設では、施設の継続が難しくなった。市町村が保育所保育の実施責任・財政責任を負う公的保育制度の重要性が改めて再認識されたともいえる。

(2) 繰り返される緊急事態宣言と保育所

　1回目の緊急事態宣言は、2020年5月25日に全国すべてで解除された。保育現場も、順次通常の保育に戻り、保育の縮小は解消されていったが、感染防止のためプール遊びや行事をどうするかなど、保育現場での模索は続いた。

　2020年度の第2次補正予算（2020年6月成立）では、「新型コロナウイルス感染症緊急包括支援交付金」が拡充され、介護・障害者施設・生活保護の救護施設などの職員に慰労金が支給されることとなったものの、保育所や児童養護施設など児童福祉分野の職員は除外された。その理由は、①他分野に比べ、子どもにかかわる施設等で感染などが広がっていないこと、②利用者数にかかわらず、運営費が通常どおり支給されていることが挙げられている。しかし、感染防止のための職員の労力は、児童福祉分野と他の社会福祉分野で異なることはなく、慰労金の支給に差を設けるべきではないだろう。こうした批判を受けて、2次補正では、慰労金に代わる措置として、物品購入費だけでなく、研修受講や感染拡大防止対策のために増えた業務等にかかる割増賃金・手当を対象に、上限50万円で補助がなされた（一次補正の50万円補助と合わせて100万円の補助に）。

　2021年に入っても、感染拡大は収まらず、同年1月には、首都圏などに再び緊急事態宣言が発令された。前回の宣言時と異なり、対策が飲食店の営業時間短縮などに限定され、地域も限定されていたことなどから、宣言対象地

域の自治体も含め、保育所は原則開所とされ、登園自粛要請もしない（した
がって、自主的に登園を控えても、保育料の返還等は行わない）ところが多
数を占めた。そのため、1度目の緊急事態宣言下のような保育の縮小は生じ
ず、感染症対策が日常化していった。2021年4月からの3度目の緊急事態宣
言やまん延防止等重点措置、そして、2021年7月以降の第5波の感染拡大と
それにともなう4度目の緊急事態宣言やまん延防止等重点措置のもとでも同
様であった。ただ、保育所での感染対策は、子どもたちへのマスク着用や子
ども同士が密にならないように気を配り、給食時も黙食にするなど困難をき
わめた。

　もっとも、緊急事態宣言の下、休園措置をとった私立の認定こども園や新
型コロナ感染発生で休園となった私立保育所もあり、自治体によっては、公
立保育所で代替措置をとったり、公的な施設を整備し、保育士を派遣して保
育を継続する措置をとった例もあったという[2]。公的責任が明確な公立保育
所は、緊急事態の対応という点で大きな力を発揮したのである。また、コロ
ナ危機を経て、保育の仕事は、医療や介護と同じエッセンシャルワーク（社
会の維持に欠くことのできない仕事）であり、保育士はエッセンシャルワー
カーと認知されるようになった。にもかかわらず、介護職と同様、保育士の
待遇は低いままであることが明らかとなり、保育士の待遇改善が喫緊の課題
として浮上した。

(3) オミクロン株の感染拡大と保育所

　その後、2021年9月末に、全国で緊急事態宣言、まん延防止等重点措置が
全面解除され、同年10月から12月までの3か月間は、新規感染者数が激減、
コロナ感染は収束に向かうかに見えた。

　ところが、2022年1月以降の第6波の爆発的な感染拡大により、まん延防
止等重点措置が東京都や大阪府などに再び出され、保育所をめぐる様相は激
変する。感染力の強いオミクロン株により、子どもへの感染が急拡大し、保

2　杉山隆一「すすむ公立保育所民営化と公の役割」住民と自治693号（2021年）21頁参照。

育所や認定こども園の休園が各地で激増したからである。2022年2月3日には、全国43都道府県で過去最多の777の保育所・認定こども園の休園が確認され、3月3日まで5週連続で休園が700施設を超えた（厚生労働省まとめ）。保育施設だけでなく、障害児の通所施設などでもクラスターが発生、子どもが通園できなくなり、保護者の負担が増大した。

　これまでの厚生労働省の事務連絡（2020年2月25日）では、保育所等で感染した職員や子どもが出た場合、臨時休園とする対応が基本となっていた。ところが、2022年2月15日付の厚生労働省の事務連絡「保育所等における新型コロナウイルスへの対応にかかるＱ＆Ａについて（第13報）」により上記の事務連絡は廃止され、都道府県と市町村に対し、保育所等で感染者が出た場合も「感染予防に最大限配慮しつつ、原則開所」を要請、休園の場合も範囲・期間をなるべく限定し、代替保育の実施などで市町村が保育提供体制を確保し、保育を継続して実施するよう求められた。第6波の感染拡大により、休園数が急激に増加したことで、保護者の負担や仕事への影響が深刻となったため、方針転換がなされたのである。しかし、休園の可否や休園日数等の判断までも保育所など施設にゆだねる市町村が増え、施設によって対応はばらばらとなり、大きな混乱が生じた。

　代替保育を実施する保育所等に対しては、公定価格相当額が補助される財政支援が行われ（国3分の1、都道府県3分の1、市町村3分の1）、休園した保育所での代替保育が困難な場合で、他の保育所や公民館等、あるいは居宅に訪問して代替保育する場合も同様の財政支援が行われた。しかし、財政支援があっても、代替保育のための保育者や場所の確保は困難を極めた。乳幼児期の子どもは、環境の変化に慣れるには時間がかかり、子どもにとって安全が確保され安心に過ごせる施設・環境と保育士の配置が最低限必要になるからだ。実際、施設や保育士を確保することが難しく、代替保育など実施例は少数にとどまった。

　保育所等で職員・子どもの感染が発生した場合には、保健所と連携して感染状況を把握することとされていたが、第6波では、感染者の急増で、保健所業務がひっ迫し、厚生労働省の事務連絡（2021年6月4日付）を根拠に、保育所など施設が、濃厚接触者の範囲を特定し感染状況等を判断するように

保育所等に求める自治体も出てきた（緊急事態宣言地域やまん延防止等重点措置区域に限る）。濃厚接触者に該当するかどうかを施設が判断するというわけである。こうした保健所業務の肩代わりは、保育現場への負担や保護者・職員の不安を増大させた。

さらに、保育所で感染が発生していなくても、職員の子どもが濃厚接触者となり家庭で待機することになったり、家族の感染で職員自身が濃厚接触者になったりと、出勤できない職員が増え、日々の保育体制の調整に追われる保育所も増大した。政府は、オミクロン株の特性を踏まえ、濃厚接触者の待機期間を2週間から10日、さらに7日に短縮し、保育士等の社会機能維持者は4日目と5日目に検査をして陰性が確認されれば待機が解除できるとした。しかし、感染拡大地域では、今度は検査キットが不足し、陰性を確認するための検査ができないありさまだった。

なお、政府の新型コロナウイルス感染対策分科会がまとめたオミクロン株の特性を踏まえた感染防止策では、当初の原案では「保育所では2歳児からマスク」となっていた。これに対して、分科会で小児科医の専門家から異論が噴出、保育現場からも園児への正しいマスク着用は困難と批判の声があがり、「発育状況に応じて、無理なく可能と判断される児童」について「可能な範囲でマスク着用を推奨」との表現に修正された。対応は二転三転し、混乱を助長した。

（4）さらなる感染拡大と保育現場の混乱

2022年7月からは、オミクロン株のBA・5系統への置き換わりにより、第7波が到来、新規感染者数は、第6波をはるかに超えた（序章1参照）。10歳未満の子どもの死亡も増え、2022年2月から8月までに17人にのぼった。また、国立感染症研究所によると、2022年1月から8月までに新型コロナに感染して亡くなったと報告された20歳未満の29人のうち15人には基礎疾患がなかった。

こうした状況を受けて、厚生労働省は、事務連絡「BA・5系統への置き換わりを踏まえた保育所等における感染対策の徹底について」（2022年7月

20日）を発出したが、感染対策として示されたのは、換気の徹底しかなく、自治体には、保育所等でのクラスター発生の場合には、職員への検査を頻繁に実施するよう求める内容にとどまった。

　ついで、厚生労働省の事務連絡「保育所等における新型コロナウイルスへの対応にかかるQ＆Aについて（第17報）」（2022年7月26日）では、子どもが濃厚接触者となった場合は5日間登園を自粛すること、濃厚接触者の特定をしない自治体があることも示し、そうした取り扱いも差し支えないことなどとされた。しかし、濃厚接触者を特定しないとした地域の保育現場では、感染拡大やクラスター発生の危険があることから、保育士や保護者に不安が広がり、特定する場合も、今度は、登園を控えることになった保護者の仕事への影響や、出勤できない保育士が増えて保育制がとれないといった問題が生じた。

　この間のオミクロン株の感染拡大に対する政府の対応は後手に回り、自治体や現場への丸投げという施策が多く、保育政策もその例外ではなかった。結果として、自治体の考え方や姿勢によって、保育現場の対応に大きな差が出て、保育士や保護者の混乱が続いた[3]。職員配置基準や代替保育の不十分さに加え、検査体制が不十分で、政府（国）はその整備を怠り、保育士等への検査が間に合わないため、独自にPCR検査の実施する自治体も出てきた。この場合、検査の費用は保育所の負担になるなど（検査費用については、新型コロナウイルス感染症対策支援事業の活用も可能とされたが、もともとの金額が少なく、検査経費を十分賄えるものではなかった）、保育現場に大きな負荷がかかった。

3　同様の指摘に、井上晶子「コロナ禍の経験をふまえ国・自治体に求められること」全国保育団体連絡会・保育研究所編『保育白書・2022年版』（ひとなる書房、2022年）207頁参照。

2 コロナ危機のもとでの学童保育

(1) コロナ危機のもとでの学童保育の状況

　保育所とともに、学童保育（正式名称は「放課後児童健全育成事業」。以下、引用の場合を除いて「学童保育」という）もコロナ危機で大きな困難に見舞われた。

　学童保育は、保護者の就労等により日中家庭で過ごすことが難しい子どもたちを学校の空き教室や公民館などで預かる事業で、全国に3万4437教室あり、入所児童数は130万7699人にのぼる（2021年5月現在。全国学童保育連絡協議会調べ）。

　前述の2020年3月からの小中学校の一斉休校の際には、学童保育も原則開所となり、子どもたちの受け皿となった。しかし、学童保育の待機者が全国で1万人を超えており、保育士以上に学童保育の指導員（放課後児童支援員）の雇用条件は悪く、慢性的な人手不足のところに、長期休暇中と同様に1日開所を求められ、対応は困難を極めた。通常の指導員の勤務は午後からであったが、1日開所要請の中、1日勤務を行える指導員を確保することが最大の課題となった。結局、受け入れ体制が整わず、休校中の子どもをみるため仕事を休まざるをえない保護者も出た。

　内閣府・厚生労働省からは、放課後児童健全育成事業に対する財政措置として、午前中から学童保育を運営する場合は1日当たり3万200円を国庫から補助することが示され、学童保育に教員が携わる場合には、教員も放課後児童支援員や補助員の要件を満たすものとされた。しかし、これらの政府の支援策は不十分で、指導員の確保については事実上自治体に丸投げで、学童保育の現場は大変な状況に見舞われた。加えて、各地域では、マスクや消毒液の入手が困難となり、十分な感染症対策が行えない事態となった。「密」を避けがたい不十分な施設環境の中で感染リスクを避けながらの終日の保育

は困難を極めた。こうした状況に対して、政府は事務連絡で、感染のリスクを予防する観点から、学校の教室や児童館を活用するなど、児童の密集を回避できる実施場所の確保に努めることを通知したが、施設環境の問題は、学校の教室や児童館の利用などの学校・地域との連携によって解決できる問題ではなかった[4]。

　2020年4月からの緊急事態宣言下では、多くの小学校が新学期を迎えるとほぼ同時に休校となり、この休校は、緊急事態宣言が解除される5月中旬から末まで続いた。緊急事態宣言の発令後の学童保育は、保育所保育と同様、保護者への利用自粛を要請しつつ、規模を縮小して開所を求められ、学童保育で過ごす子どもたちの数は縮小し、また、春休み明けの4月上旬からは、午前は学校で教員たちが、子どもたちを保育し、午後からは学童保育で保育する方式が拡大していった。感染対策に必要な備品もそろうようになり、マスク着用や消毒、換気といった対策も日常化していった。

　また、学童保育における「おやつ」は「放課後児童クラブ運営指針」（2015年）において、子どもの育ちにとって必要なものと明記されているが、衛生面での基準はなく、施設整備も貧弱なため、コロナ禍で、おやつの提供が中止になったり、個包装の市販菓子になってしまったところもみられた。感染対策として、おやつの黙食や接触をしないで遊ぶなど、子どもにさまざまな無理を強いる状況が続き、学童保育における発達保障は大きく後退した。感染対策は職員の負担も増大させ、「密」を避けがたい不十分な施設環境や指導員の不足の問題が課題として浮き彫りになった。

（2）繰り返される感染拡大と学童保育の状況

　その後、2022年1月以降の第6波、第7波のオミクロン株の感染拡大では、保育所同様、学童保育でもクラスターが発生した。指導員や通所する子どもたち、同居の家族にも濃厚接触者が増え、職員体制がとれずに閉所を余儀な

4　同様の指摘に、二宮衆一「『コロナ禍』における学童保育にかかわる施策と現場の対応」学童保育研究21号（2020年）60頁参照。

くされる施設も出た。保育所と同様に、検査体制の不備から、濃厚接触者となっても、検査が間に合わないため、検査結果がわからず不安を抱えたまま開所せざるをえない学童保育もあった。一方で、施設側が自己判断で閉所した場合には、政府の補助金の対象外となり、運営が成り立たなくなる事態も生じた。

　かくして、学童保育の職務に応じた人員配置や指導員の労働環境の改善はなされないまま、再び爆発的な感染拡大を迎えた現場では、休校や学童保育の閉鎖が相次ぎ、子どもたちの発達保障のみならず学ぶ権利が保障されない事態が拡大したのである。

3　コロナ危機のもとでの子どもの状況

　2020年から2年以上にわたって、一斉休校や緊急事態宣言、さらにはまん延防止措置の繰り返しの中、登園自粛や外出自粛の影響で、幼い子どもを抱える保護者（大半は女性）は、食事を用意しつつ、在宅ワークをこなさなければならないなど、仕事と家事の負担、ストレスは大きく増大した。

　新型コロナの感染拡大で「ステイホーム」が求められ、家庭に親子がとどまる時間が増えたこともあり、コロナ禍の2020年度と2021年度は、児童相談所が対応した児童虐待相談件数は、いずれも20万件を超え過去最多を更新した（序章1参照）。

　2020年度は、児童相談所への相談経路で、警察などからの通告が10万3625件（50.5％）と最も多くなり、新型コロナの感染拡大で休校や休園が相次いだ学校や保育所・幼稚園、それに自治体の福祉事務所や医療機関からの通告は減少した。警察からの通告は、命にかかわる深刻な事例が多く、コロナ禍の影響で、専門機関や地域などで子どもを見守る環境や機会が減り、虐待の発見が遅れ、早期対応が困難になったことがうかがえる[5]。

5　浅井春夫「コロナ禍で社会の周辺にはじかれる子どもたち－子どもの貧困と虐待の現実」住民と自治711号（2022年）17頁参照。

　家で暴力や虐待を受けている子どもたちにとっては、「ステイホーム」といわれても、家庭が安全・安心な場所とはいいがたい。行政の助けが届かず、虐待を受ける環境から逃れられないままの子どもたちが多数いるし、コロナ危機は、社会的つながりを断ち切ることで、そうした子どもたちや子育てに悩む保護者の孤立化を深めてしまったといえよう。

　また、学校の休校時には給食がなくなり、自宅では、生活困窮のため十分な食事がとれなくなった子どもたちもいた。従来から、夏休みなど長期休暇になると、食事が十分とれず痩せてしまう子どもたちは散見された。そうした子どもたちの食を保障してきた子ども食堂も、感染拡大を防ぐため、一時閉所が相次いだ。その後、再開が進みつつあるとはいえ、もともと、寄付などで賄われてきた財政基盤の弱いところも多く、そのまま閉所となったところも少なくない。コロナ危機は、日本の保育政策のみならず子育て世帯の支援の貧弱さも浮き彫りにしたといえる。後述のように、児童相談所など専門機関の機能強化や職員の増員が求められる。

4　保育政策の展開
―子ども・子育て支援新制度の導入から子ども家庭庁の設置へ

(1) 子ども・子育て支援新制度の導入とその本質

　コロナ危機で、明らかになった保育所や学童保育が抱えた困難、そして、保育制度の脆弱さは、1990年代後半以降、進められてきた規制緩和を中心とする保育政策に起因する。

　なかでも、2010年代に行われた「戦後最大の保育制度改革」[6]といわれる子ども・子育て支援新制度の導入は大きな転換点となった。経緯を辿ると、

6　田村和之・伊藤周平「序論」田村和之・伊藤周平・木下秀雄・保育研究所『待機児童ゼロ―保育利用の権利』（信山社、2018年）3頁。

2012年2月に、当時の民主党政権のもと、消費税率10％への段階的引き上げと消費税収（国税分）の使途を、高齢者3経費（基礎年金、高齢者の医療および介護保険にかかる公費負担の費用）に少子化に対処するための施策（子ども・子育て施策）に要する費用を加えた「社会保障4経費」に限定すること、子ども・子育て施策について消費税で0.7兆円（消費税以外の財源も含め1兆円）の財源を確保することが打ち出された。そして、2012年3月、総合こども園法案、子ども・子育て支援法案、児童福祉法など関連法律の整備法案の3法案が、社会保障・税一体改革関連法案として国会に提出された。同法案については、野党のみならず保育・幼児教育関係の団体に強固な反対意見があり、同年6月、民主党と自民党・公明党の3党合意が成立し、法案は大幅に修正され、総合こども園法案は廃案とされ（これにより、保育所と幼稚園を総合こども園に統合する幼保一体化案は頓挫した）、この修正案が成案となって、同年8月に、①子ども・子育て支援法、②認定こども園法の一部改正法、③児童福祉法の改正（以下「2012年改正」という）など関係法律の整備に関する法律が成立した。3法は2015年4月より施行され、子ども・子育て支援新制度（以下「新制度」という）がスタートした。

　新制度の導入は、従来の保育制度（自治体責任による入所・利用の仕組み）を解体し、個人給付・直接契約方式に転換するものであった。認定を受けて給付資格を認められた子ども・保護者に対して給付費を支給する方式（個人給付方式）にすることで、これまでの補助金にあった使途制限をなくし、企業参入（保育の市場化）を促して保育提供の量的拡大を図るとともに、市町村の保育実施義務（保育の公的責任）をなくすことを意図して構築された制度といえる。同時に、新制度では、保育所以外に認定こども園や小規模保育事業などの地域型保育事業も給付対象とすることで、多様な施設・事業が並存する仕組みとなった。これにより、小規模保育事業などを増やし、保育士資格を緩和し、安上がりに保育の供給量を増やし、社会問題化していた待機児童（保育の必要がありながら保育所に入れない子ども）の解消を図ろうというわけである。

　こうした政策意図のもと、児童福祉法24条1項に定められていた、市町村の保育実施義務は、当初の児童福祉法改正案では削除されていた。しかし、

多くの保育関係者の批判と反対運動の結果、国会の法案審議過程で復活することとなった。すなわち、2012年の改正で、児童福祉法24条 1 項は、市町村が「保護者の労働又は疾病その他の事由により、その監護すべき乳児、幼児その他の児童について保育を必要とする」児童を「保育所において保育しなければならない」と規定し、市町村の保育実施義務は、少なくとも保育所の利用児童について、新制度のもとでも維持されたのである。市町村の保育実施義務が維持されたことで、コロナ危機のもと、登園自粛などにより保育の縮小が生じても、保育所への運営費収入は減少せず、運営の安定が維持されたことは前述のとおりで、その意義は大きい。

(2) 幼児教育・保育の無償化とその問題点

　2019年10月からは、消費税増税分を用いて、 3 歳以上の子どもすべてと 0 ～ 2 歳児の一部について保育料の無償化が実施された（以下「幼児教育・保育の無償化」という）。

　具体的には、①新制度に入っている幼稚園、保育所、認定こども園に通う 3 ～ 5 歳までのすべての子どもの保育料の無償化（幼稚園については、月 2 万5700円を上限に補助）、 0 ～ 2 歳の保育の必要性がある住民税非課税世帯の子どもの保育料の無償化、②幼稚園の預かり保育に通う保育の必要性がある子どもについて、月 1 万1300円までの保育料を補助、③認可外保育施設などに通う 3 ～ 5 歳児の保育の必要性のある子どもの保育料を月額 3 万7000円まで補助、 0 ～ 2 歳の保育の必要性がある住民税非課税世帯の子どもの保育料を月 4 万2000円まで補助するというものである。③の対象となる施設等は、新制度に入っていない私立幼稚園（私学助成の対象）、特別支援学校、認可外保育施設、病児保育事業、子育て援助活動支援事業（ファミリー・サポート・センター事業）などが含まれ、内閣府令で定める基準を満たしていると、市町村長が確認した施設等（「特定子ども・子育て支援施設等」）である。内閣府令で定める基準は、認可外保育施設は現在の指導監督基準（たとえば、保育士資格者は、認可保育所の基準の 3 分の 1 程度であることなど）と同様の内容で、2024年 9 月末までは、この基準を満たさない施設の利用も補助の

88

図表 3-1　幼児教育・保育の無償化の範囲

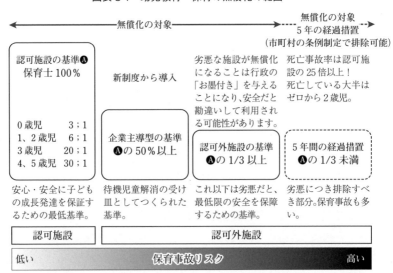

出所：大阪保育研究所・大阪保育運動連絡会パンフレット「幼児教育・保育無償化─ここが問題」
　　　（2019年8月）。一部修正。

対象となる経過措置がある（図表3-1）。

　教育・保育給付の対象となっている①の施設等に通う子どもについては、給付額が公定価格と同額になるので、保育料（利用者負担）がゼロとなる。②③の施設等に通う子どもについては、子ども・子育て支援給付に子育てのための施設等利用給付が新設され、施設等の利用があった場合に、上記金額を上限に施設等利用費が保護者に支給される。施設等利用費は保育所などの施設等が保護者に代わって受け取るため、保護者からは補助相当分を除いた保育料を徴収する。この上限額の範囲内であれば、複数サービスの利用も可能で、幼稚園の預かり保育も対象となる。また、就学前の発達支援事業を利用する子どもは、保育所等を併用する場合を含め、両者が対象となる。

　無償化の財源は、新制度に入っていない私立幼稚園、認可外施設に関わる無償化の費用についても、他の私立施設と同様に、国2分の1、都道府県4分の1、市町村4分の1の負担となっている。公立施設については市町村が10分の10の全額負担となる。

　以上のような幼児教育・保育の無償化には、いくつか問題と課題がある。第１に、無償化が消費税増税とセットで打ち出されていることである。保育料については、従来から低所得世帯や多子世帯、ひとり親世帯に対して軽減が図られ、地方自治体が独自に軽減している例も多かった。そのため、低所得世帯への恩恵は少なく、それらの人には消費税増税の負担のみが加わっている。また、保育料負担はとくに低年齢児の保護者に重いのに、０〜２歳児の無償化は住民税非課税世帯に限定されている。

　第２に、無償化の実施にあわせて、保育所の３歳以上児の副食材料費（以下「副食費」という）が実費徴収となった。従来から保育料が無償となっていた生活保護世帯やひとり親世帯については、副食費の免除は継続され、年収360万円以下の世帯の子どもおよび全所得階層の第３子以降の子どもも免除となっているが、保護者収入が低い世帯において、新たな食費負担により、無償化前よりも負担増になっている世帯が多子世帯に散見される。保育所は制度発足以来、３歳以上児の副食費、３歳未満児の主食・副食費を公費負担の対象とし無償としてきた。給食は保育の一環という理念からであり、副食費の実費徴収化は給食に関する公的責任の後退といえ、無償に戻すべきであろう。

　第３に、認可外保育施設も無償化の対象とされたことから、保育の質が十分確保されないままの保育が拡大、常態化している。そもそも、国の保育士の配置基準は、前述のように、世界的にみてもきわめて低いレベルで、内閣府の定める基準は、こうした低い配置基準すら下回る指導監督基準のレベルである。指導監督基準は、子どもの安全の確保等の観点から劣悪な施設を排除するために設けられたもので、本来、基準を下回る施設の運営は許されないが、そうした施設でも経過措置期間は、無償化の対象となる。これでは、指導監督基準は意味をなさない。立入調査を徹底し、劣悪な施設であれば運営停止にするなど都道府県等の指導監督体制の強化、指導監督基準や認可基準に達していない施設へは基準引き上げのための財政支援や認可化の促進などが必要である。

（3）待機児童問題から少子化の加速による保育所定員割れ問題へ

　待機児童の問題については、新制度の導入以降も待機児童の減少がみられず、2018年度から「子育て安心プラン」がスタート、32万人分の保育の受け皿整備を進め、2021年3月末までに待機児童をゼロにすることを目標とした。もっとも、このうち6万人分は認可外保育施設である企業主導型保育事業によるもので、市町村の事業計画の整備分と合わせても約29.7万人で32万人分に届いていなかった。案の定、目標の2021年3月末までに待機児童は解消されず、2021年度から「新子育て安心プラン」が打ち出され、2021年度から2024年度までの4か年計画で、約14万人分の保育の受け皿整備を行うこととされた。

　その後、新型コロナの感染拡大の影響もあり、保育所等の申込者数が減少に転じ、保育所等に入所できなかった待機児童数は、2021年4月1日時点で5634人と、1994年の調査開始以来、初めて1万人を切り、さらに2022年4月1日時点には、2944人と大幅に減少した（厚生労働省調査）。とくに、待機児童の8割を占めていた0〜2歳児の保育所等の申し込みが大きく減少した。後述のように、コロナ危機で、出生数が減少したうえに、非正規雇用の女性が職を失うなどして保育ニーズの低下が生じたこと、感染リスクを避けるための保育所の利用控えが広がったことなどの要因があると推察される。しかし、そのことは、女性の失職による貧困化が進み、育児の社会化が大きく後退したことを意味している。

　もっとも、保育所等に申し込みながら入所できず、「地方単独の認可外施設を利用している者」や「育児休業中の者（の児童）」「特定の保育園等のみ希望している者（の児童）」「求職活動を休止している者（の児童）」は、国の定義では待機児童とはカウントされていない。こうしたいわゆる「隠れ待機児童」は依然として多い。なかでも、国の定義で「通常の交通手段により、自宅から20〜30分未満で登園が可能」な施設があっても入所しない「特定園のみ希望」の該当者が増えているのが目立つ。しかも、その理由は、きょうだいが別々の保育所になるからなど、切実なものが大半である。

　一方で、新型コロナの感染拡大で出産を控える動きがあり、出生数は大幅に減少、2021年の出生数は、84万1604人で、前年より 2 万9231人（3.5%）減少し、過去最少となった。合計特殊出生率（ 1 人の女性が一生に産む子どもの数の平均。以下「出生率」という）も1.30で 6 年連続低下している。この間、子どもの数は減少していたが、保育所等の利用申込数は、とくに 0 ～ 2 歳児で多かったため、待機児童はなかなか減少しなかったが、コロナ禍を契機に2020年以降、 0 ～ 2 歳児の利用申込者数も減少傾向に転じ、今後も、この傾向が続くと予想されている[7]。出生数の減少で少子化に拍車がかかり、子どもの数が急速に減っていくことから、前述のように、待機児童数は全国的に大幅に減少し、解消に向かいつつある。

　こうした状況のもと、少なくない自治体では、待機児童が解消されることを前提に、公立保育所の統廃合や認定こども園化を進めようとしている。厚生労働省も、2021年 5 月に、省内に「地域における保育所・保育士等の在り方に関する検討会」を設置し、人口減少地域等での既存の施設規模の縮小などの検討を開始した。とはいえ、都市部では、隠れ待機児童の存在にみられるように、保育施設の不足は依然として顕著であり、コロナ収束後の保育需要増も考えられ、人口減少や保育需要減を理由とした拙速な保育施設の統廃合や規制緩和には問題がある。

（4）こども家庭庁の創設に向けて

　コロナ禍の2021年 6 月、当時の菅内閣のもとで閣議決定された「経済財政と改革の基本方針（骨太の方針）2021」において、子どもの貧困問題などに対応する「行政組織の創設」の「検討に着手する」と規定されたことを起点に、子どもに関わる政策を一元的に統括する新しい省庁に向けての協議が政府内ではじまった。同年11月には「こども政策の推進に係る有識者会議」が報告書を公表、この報告書を受け、政府のこども政策の推進にかかわる作業

7　中山徹『子どものための保育制度改革―保育所利用者減少「2025年問題」とは何か』（自治体研究社、2021年）24頁参照。

部会において、新省庁の創設に向けた原案がまとめられ、この過程で「こども庁」とされてきた名称が「こども家庭庁」に変更され、同年12月に「こども政策の新たな推進体制に関する基本方針―こどもまんなか社会を目指すこども家庭庁の創設―」(以下「基本方針」という)が閣議決定された。「家庭」を付した庁名への変更には、伝統的家族観を重視する自民党の保守派議員、とくに旧統一教会(世界平和統一家庭連合)と関係の深い保守派議員の意向が働いたと推察される。

基本方針をもとに、2022年の通常国会に「こども家庭庁設置法案」と「こども家庭庁設置法の施行に伴う関係法律の整備に関する法律案」さらに与党議員による議員立法として「こども基本法案」が提出され成立、2023年度からのこども家庭庁の設置が決まった。

同庁は、「心身の発達の過程にある者(以下「こども」という。)(中略)の最善の利益を優先して考慮することを基本とし、(中略)子育てに対する支援並びにこどもの権利利益の擁護に関する事務を行う」とされている(こども家庭庁設置法3条1項)。総理大臣直属機関として内閣府の外局に位置付けられ、各省庁への勧告権などを持つ内閣府特命大臣が置かれ、3つの部門で構成される。企画立案・総合調整部門では、子ども政策に関する総合調整機能を集約、デジタル庁と連携し、個々の子どもや家庭の状況、支援内容などに関する情報を集約するデータベースを整備する。生育部門では、性被害を防ぐため、子どもと関わる仕事をする人の犯罪歴をチェックする制度の導入や子どもの死亡に関する経緯を検証する仕組みの検討を進める。支援部門は、虐待やいじめなど、困難を抱える子どもや家庭の支援にあたる。保育所と認定こども園を所管してきた内閣府子ども・子育て本部と厚生労働省子ども家庭局は廃止され、こども家庭庁に移管される一方で、幼稚園は文部科学省の所管のままで、教育・保育の内容は両省庁で策定する。

これまでの子ども政策の遅れは、施策や権限が各省庁に分散しているという縦割り行政の弊害から生じており、新庁の設立によって、そうした弊害が除去できるといわれる。しかし、これまでの政策は、前述した保育政策に典型的にみられるように、規制緩和が中心で、子どもの安全・安心をないがしろにするもので、国連の子どもの権利条約がいう「子どもの最善の利益」を

優先する政策には程遠かった。その点の検証と反省がないまま、新庁を設立したところで、子ども本位の政策を実現できるとは思えない。また、こども家庭庁が調整機能を担うというが、政策を監視し、子どもの権利の観点からの第三者機関によるチェックの仕組みも設けられていない[8]。さらに、子どもや家庭の状況などに関する情報を集約するデータベース化を進め、AI（人工知能）を用いて、支援が必要な家庭への「プッシュ型支援」が予定されているが、個人情報保護の観点から問題があり、私生活への国家介入・監視が強まる危険性がある。

　何より、新庁の財源確保が具体的でない。基本方針では「企業を含め社会・経済の参加者全員が連帯して、公平な立場で、広く負担していく新たな仕組み」を検討するとしており、2017年に自民党部会で提起された「こども保険」のように、国民に新たな保険料負担を求める仕組みが構想されているともとれる。子どもと家庭の状況（当然、所得状況も含むだろう）のデータベース化は、拠出記録確認の布石とみることもできる。

　なお、2022年の通常国会では、児童養護施設等での支援に関して原則18歳（最大22歳）としている年齢上限の撤廃、児童相談所が子どもを一時保護する際の司法審査の導入（裁判所が一時保護の具体的要件に照らして一時保護令状を発効するかを判断）などを内容とする改正児童福祉法も成立している。

5　コロナ危機で明らかになった保育政策と子ども・子育て支援新制度の問題点

(1) 保育士不足の深刻化

　前述のように、新制度の導入によっても、保育所の利用については個人給

8　同様の指摘に、小泉広子「こども家庭庁創設、こども基本法の概要と保育」月刊保育情報548号（2022年）6頁参照。

付・直接契約方式に移行せず、市町村の保育実施義務が維持され、政府側からみれば、不十分な改革にとどまった。そのため、新制度の導入以降も、公的保育制度の基盤を切り崩すような改革が進められ、さまざまな問題が生じていたが、コロナ危機はそれをより顕在化させた。

　中でも深刻な問題が保育士不足である。すでに、新制度の導入前から公立保育所の民営化や指定管理者制度（地方自治法244条の2第3項）の導入で、保育士などの労働条件は悪化の一途を続けてきた。公立保育所で働く保育士は公務員だが、民営化された場合には、給与の高いベテラン保育士が採用されないなど、保育士の給与が安く抑えられる傾向にある。公立保育所の民営化は、公務員リストラや非正規雇用化により委託費（公費）を削減しようとする意図で行われてきた側面が大きい。その公立保育所でも、保育士の非正規化が進み、いまでは非正規雇用の保育士が平均で半分以上となり、保育士の労働条件の悪化は顕著である。

　そして、新制度導入後も、保育士の労働条件は改善されるどころか、さらに悪化している。保育士の給与は、全産業平均（月33万円）より約11万円も低く、21世紀に入って20年以上の間でほとんど上昇していない。最大の原因は、国が公定価格（新制度以前は保育所運営費）に算定される保育士の給与基準額を増やしてこなかったことにある。園長や主任保育士の賃金単価も、その経験年数に応じたものになっていない。しかも、国の基準では、保育士の義務となっている保育計画の作成や記録のまとめ、園だよりの作成、打ち合わせ会議などの時間はカウントされていない。そもそも、子どもの保育時間が1日8時間を原則としている保育所において、労働基準法にそって、保育士の労働時間を8時間とすれば、直接的な子どもへの対応ですべて終わってしまう。それ以外のこれらの労働は、残業代が払われないサービス残業とならざるをえない。国の基準が実態にあっていないのである。

　保育現場では、保育士の長時間・過密労働が常態化し、それがさらに離職につながり人員不足を招いている。保育士登録者数は160万人にのぼるが（2019年4月現在。厚生労働省集計）、保育所・児童福祉施設等に従事している保育士数は約46万人（2019年10月現在）、登録者の3割弱にすぎない。保育士養成施設卒業者の約半数しか保育所に就職しておらず、保育士不足とい

うより、劣悪な労働条件のため、多くの保育士資格者が保育現場に就職していないのが現状といえる。そして、保育士の労働条件の悪化は、公費削減を進める歴代政権によって政策的に生み出されてきたのである。

　ところが、政府は、保育士不足に対して、公費を投入しての待遇改善ではなく、規制緩和で対応しようとしている（規制緩和による対応は、介護人材不足への対応と全く同じである。第2章3参照）。すなわち、待機児童がいる地域に限定してだが、各クラスに1名以上の常勤の保育士の配置を求めるこれまでの最低基準上の保育士定数について1名の常勤の保育士に代えて2名の短時間勤務の保育士を充ててよいとされた（厚生労働省子ども家庭局長通知「保育所等における短時間勤務の保育士の取り扱いについて」2021年3月19日）。しかし、これでは常勤保育士の負担がさらに増大し、職場集団の連携をさらに困難にすることが懸念される[9]。

(2) 保育所の保育士配置基準の問題点

　コロナ禍では、登園自粛の間、保育所では子どもの登園率が通常より大幅に減少し、通常の半分以下になるなどの事態が全国各地に広がった。そのため、保育士の数と部屋の大きさはそのままで、一人ひとりの子どもと向き合い、ゆとりをもって保育をすることが可能になったとの声がきかれた。これまでの保育士の配置基準がいかに「ゆとり」のないものであったかが浮き彫りになったといえる。

　子どもの安全を確保し、保育の質を保つため、保育所では保育室の広さや職員の配置について一定の基準が定められている。保育所は児童福祉施設であり、児童福祉施設の基準は、戦後まもなくの1948年に、省令として定められ（児童福祉施設最低基準）、全国一律であったが、2011年の地方分権推進一括法により、国の定める基準を踏まえて、都道府県など自治体が条例で定めることとなっている。現在では、条例で定める「児童福祉施設における設

9　同様の指摘に、小尾晴美「短時間勤務保育士の規制緩和で保育はよくなるのか？」全国保育団体連絡会・保育研究所編『保育白書・2021年版』（ひとなる書房、2021年）189頁参照。

図表 3-2　保育所保育士配置基準

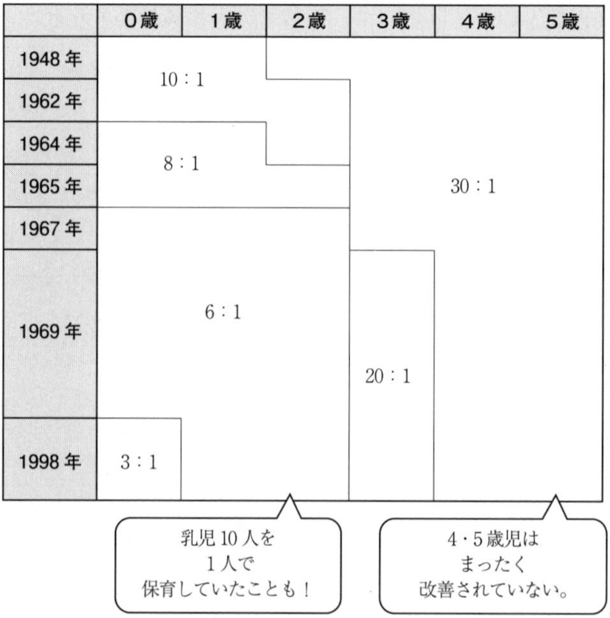

	0歳	1歳	2歳	3歳	4歳	5歳
1948年		10：1					
1962年							
1964年		8：1			30：1		
1965年							
1967年							
1969年	6：1			20：1			
1998年	3：1						

乳児10人を
1人で
保育していたことも！

4・5歳児は
まったく
改善されていない。

出所：全国保育団体連絡会パンフレット「みんなの力で保育の明日をきりひらこう
　　　―子ども・子育て支援新制度を改善し、すべての子どもに必要な保育を！」
　　　（2015年7月）。一部修正。

備及び運営の基準」が最低基準と呼ばれている。ただし、職員の配置基準や
施設の面積基準は、国の基準で「従うべき基準」とされているので、これを
下回る基準を条例で定めることはできない。その意味では「従うべき基準」
は全国一律の最低基準といえる[10]。

　保育所の保育士配置基準は、国の基準では、0歳児3人に対して、おおむ
ね保育士1人の配置（「3：1」で示す。以下同じ）、1・2歳児6：1、3
歳児20：1、4・5歳児は30：1となっている。4歳児以上の基準は、児童
福祉施設最低基準ができたときから、実に70年以上も据え置きのままである
（図表3-2）。他の国に比べても、きわめて貧弱な基準であり、この配置基
準では、とても余裕をもった保育などできない。

　また、この基準は「おおむね」という基準であり、その保育所全体で必要な保育士数（保育士定数といわれる）を割り出し、費用を保障する基準にすぎず、学級制をとっている幼稚園や小学校とは異なる。たとえば、5歳児が25人いる場合には、配置基準は30：1なので、保育士0.83（25/30）人分の人件費が保障されるにとどまり、保育士1人を配置するには足らない。5歳児を1クラスとして担任の保育士1人を配置するには、30人以上の子どもがいなければ、自治体が独自に補助しない限り、その保育士の給与は国基準の8割程度にするしかない。しかも、前述のように、保育士の給与基準も低く設定されているので、保育士はかなりの低賃金となってしまう。さらに、最低基準では「保育時間は原則8時間とする」とされており、この配置基準は、8時間保育が前提となっている。実際には、1日11時間の開所が一般的になっているので、この基準では十分な保育ができない。

　以上のような低い国の配置基準のため、多くの認可保育所では、全国平均で国基準の1.9倍の保育士を配置している（全国保育協議会調査）。国基準を超えた保育士配置の財源は自治体の持ち出しとなるため、配置ができるところとできないところがでて自治体間の格差が大きくなっている。こうした保育士配置基準の低さが、保育士の低賃金と労働強化をもたらし、保育士不足につながっている。

(3) 施設面積基準の問題点

　保育所の施設面積基準についても、子ども1人当たり面積だけが定められており、食堂も寝室の区別もなく、食事も午睡もすべて同じ保育室で過ごすことが前提となっている。

　具体的にみると、2歳児未満では、乳児室の場合は1人当たり$1.65m^2$、ほふく室の場合は同$3.3m^2$で、そのほかに医務室、調理室、トイレの設置が義務付けられている。2歳児以上では、保育室または遊戯室で同$1.98m^2$、屋外遊戯場（園庭）は同$3.3m^2$で、調理室とトイレの設置が義務付けられている。屋外遊戯場は、近くの公園などで代替できるので、幼稚園と異なり、保育所には園庭がなくてもよい（幼稚園では必置である）。

　施設面積基準は、70年以上にわたって、全く改善されておらず、他の国々にくらべても非常に貧しい基準といえる。たとえば、フランスのパリ市では、子ども1人当たりの施設基準は5.5m²で（知育室と休憩室）、屋外施設面積基準も同6.67m²（園庭と保育室専用の庭・テラス）となっている（2009年全国社会福祉協議会調査報告書）。

　新型コロナの感染対策のため、「三密」を避けることが求められているが、現在の施設面積基準では、とても無理である。配置基準と同様、面接基準も大幅に見直す必要がある。

（4）保育士の資格要件の緩和と専門性の軽視

　保育所の保育士配置基準・面積基準ですら不十分であるのに、新制度のもとでは、保育所の基準より低い基準の保育施設・事業が保育所と並列する形で存在している。

　中心となっているのは、保育士の資格要件の緩和である。たとえば、家庭的保育事業の保育者には保育士資格は必要とされず、市町村長が行う研修を修了し、保育士と同等以上の知識・経験を有すると市町村長が認めた者であればよいとされているし、小規模保育事業B型では、保育士資格者は保育者の半分以上でよいとされている。

　また、面積基準についても、新制度で創設された小規模保育事業などの地域型保育事業では、国が定める基準のうち「保育室およびその面積」については、「従うべき基準」ではなく「参酌すべき基準」とされており、自治体が独自に設定することができる。待機児童を減らすためと称して、国基準より狭い面積基準を定めている自治体もある。面積基準の緩和は、保育士資格の緩和とあいまって、初期投資が少なくて済むので、企業が参入しやすく、実際、駅前のビルの一室で保育を行う株式会社が運営する小規模保育事業者が現れている。

　保育士の資格要件の緩和は、人件費を抑制し、企業参入を容易にするため、つまり安上がりで保育者を確保する目的で行われている。もしくは、保育士資格がなくても保育は可能という保育の専門性を無視した考えに基づいてい

る。育児が家庭内での女性の仕事とみなされ、保育士として職業化されても（保育士をはじめケア労働の従事者には女性が圧倒的に多い）、専門性が軽視され賃金が低く抑えられているジェンダー問題が背景にある。

　しかし、保育の専門性の低下は、保育現場での事故に結びつき、子どもの命を危機にさらす。実際、保育士資格者が少ない認可外保育施設では、とくに、０～１歳児について命に係わる重大事故が集中的に発生している。内閣府が毎年公表している「教育・保育施設等事故報告集計」によると、2004年から2019年の16年間に保育施設等で死亡した子どもは205人にのぼり、うち約８割が０～１歳児で、死亡事故発生率を認可保育所（保育者全員が保育士資格者）と認可外保育施設で比較すると、認可外保育施設の死亡事故の発生率が認可保育所の25倍以上となっている。０～２歳児の保育こそ専門職による手厚い保育が必要であるにもかかわらず、規制緩和を進め、無資格者による保育を増やし常態化させている政策は、子どもの命をないがしろにしているというほかない。

　保育者がすべて保育士資格者である認可保育所においても、重大事故（死亡事故や治療期間30日以上の負傷や疾病、意識不明の事故等を伴う重篤な事故）が、2016年の474件から2020年には1081件と増加傾向にある。

　また、保育所等の園外活動で、子どもが散歩先の公園などで取り残されたまま保育者がその場を離れるような事案が多発している。さらに、園児が送迎バスに置き去りになり、熱中症で死亡するという悲惨な事故が、2021年７月に、福岡県の保育所で、2022年９月には、静岡県の幼保連携型認定こども園で、たて続けに起きている。厚生労働省は、通知などで、安全確認など現場対応の徹底を求めているが、事故の多発の背景には、低い保育士配置基準の問題がある。現在の国の保育士配置基準では、子どもの命や安全は守れないのである。

6 保育政策の課題

(1) 保育所・学童保育への支援

これまでみてきたようなコロナ危機のもとでの保育所と学童保育の苦境に対して、以下のような国、自治体による支援が必要である。

まず、保育所等での定期的・頻回の検査体制の整備が急がれたが、それが十分なされないまま、オミクロン株の感染拡大で、保育所や学童保育でのクラスターが多発した。これを教訓に、全額国庫負担で、全国どの保育所、学童保育においても、保育士や学童保育の指導員などが定期的・頻回に無料でPCR検査を受けることができる体制を整備すべきである。

また、感染症対策にかかる費用の、マスク・消毒液等の確保を国の責任で行うこと、保育士等の人員増員を行った場合の財政支援、原則開園の考え方を見直し、地域の感染状況を踏まえて休園などを行えるようにする措置、延長保育や土曜日保育などができなくなった場合も公定価格や補助金を減額しない措置、感染症対策のための職員配置の基準の引き上げといった支援が必要である。

さらに、企業主導型保育事業を含め認可外保育施設全体にいえることだが、これらの施設には自治体の関与が十分及ばないことから、新型コロナ対策も全くのブラックボックスになっている。自治体による認可外保育施設の感染症対策、実態把握を急ぐ必要がある。

(2) 保育士・学童指導員の待遇改善

ついで、保育士等の待遇改善のために、保育士等の給与の引き上げが求められる。

保育士等の給与の引き上げについては、2021年度の補正予算で899億円が

計上された。保育士等の給与の約 3 ％（月額9000円）の引き上げを図るもの
で、2022年 2 月から 9 月分までのアップ分は全額国負担の特別補助金（保育
士等処遇改善臨時特例交付金）により賄われた。私立施設にかぎらず公立施
設の職員も対象とし、公定価格の保育士等の人件費単価を月額で9000円引き
上げる補助がなされ、2022年10月以降は、公定価格の見直しで対応している。
公定価格の仕組みがない学童保育の指導員についても、放課後児童支援員等
処遇改善臨時特例事業が創設され、保育士等と同様の措置で待遇改善が図ら
れている。

　しかし、実際の保育現場では、公定価格上の基準人員（国の配置基準）よ
りも多くの人員を配置しているため、現在いる保育士全員の給与が月9000円
アップするわけではない。さらに、保育所では、保育士以外の職員も働いて
いる。一時保育などの補助事業を担う職員も対象外とされており、保育士以
外の他の職員の処遇改善については、交付金の収入を充てることができるよ
う柔軟な運用が認められており、職員全体の賃上げ効果は限定的で、一人当
たり3000円程度のアップにとどまっているのが現状である。

　結局、この程度の待遇改善では、保育士や学童指導員の人手不足はほとん
ど解消されず、放置されたに等しい。賃上げを議論する政府の公的価格評価
委員会に、現場で働く保育士などの当事者や関係団体が入っていなかったこ
とも問題である。少なくとも、全産業の平均賃金との格差を埋めるだけの水
準、保育士でいえば、月 8 万円の賃上げを可能にする公定価格の大幅引き上
げが必要である。

(3) 保育士配置基準等の引き上げ

　同時に、賃上げが広く行き渡るようにするためには、また何よりも、密を
避けて「ゆとり」のある保育実践を可能とするためには、公定価格上の設定
人員（国の配置基準）の引き上げ、人員増が不可欠である。具体的には、国
の保育士の配置基準を、 0 歳児 2 対 1 、 1 歳児 5 対 1 、 3 歳児10対 1 、 4
歳・ 5 歳児20対 1 に引き上げ、面積基準も、保育室とは別に睡眠室を設ける
ことを必須とし、保育室については、 2 歳以上の子ども 1 人当たり1.98m^2

から、机やいすの配置や保育士の存在を考慮して、3.3m^{2}程度に引き上げる必要がある。

　この点について、急速な少子化の進展で、遅くても2025年までには、保育所利用者が減少し、待機児童が解消されるばかりか、都市部でも保育所の定員割れが生じると予測し、この保育所利用者の減少を利用して基準の改善を進める案も提言されている。たとえば、5歳児の場合、現在の保育士配置基準では、保育士1人が最大30人の子どもを担当するが（30：1）、今後、保育所の利用者が15％減少すれば、30：1を25：1に改善し、利用者が30％減少すれば、30：1を20：1に改善すればよいという案である。利用者数が減っても、利用者の減少に応じて基準を徐々に改善すれば、保育士を増やす必要もなく、公費支出の増大もなしに、基準の改善が無理なくできるというわけである[11]。

　現実的で有効な案と考えるが、この場合も、保育所利用者数の減少に応じて、市町村は公立保育所を統廃合などして、公費支出を減らそうとするだろうから、現在の公費支出を維持させるための保育関係者の運動が必要になる。

　学童保育の指導員についても、保育士と同様の給与引き上げと待遇改善が必要である。そのためには、現在、参酌基準となっている設備・運営基準を改めて見直し、子どもたちに安全・安心で豊かな生活を保障できる指導員体制や施設・設備の最低基準を「従うべき基準」として設定し、その基準を引き上げることが同時に求められる。

(4) 子ども・子育て支援新制度の見直し案

　新制度については、施行後5年を目途とした見直し規定があり、2020年が見直し時期にあたっていた。しかし、2019年12月に、国の子ども・子育て会議で了承された「子ども・子育て支援新制度施行後5年の見直しに係る対応方針」（以下「対応方針」という）では、保育標準時間・短時間の区分など制度全般に関する見直しについては「その在り方について、引き続き検討す

11　中山・前掲注7）92-93頁参照。

　べき」と記されるにとどまり、その後のコロナ禍もあり、新制度の見直しは、事実上、第 3 期の子ども・子育て支援事業計画の策定時期の2025年まで先送りされた。以下、新制度の見直し案を私案の形で提示する。

　第 1 に、当面は、児童福祉法24条 1 項を基礎として、保育所における市町村の保育実施義務を明確にし、保育所以外の認定こども園などの直接契約施設・事業についても、優先度の高い子どもが保育を確実に利用できるよう、入所選考も含めて市町村に利用調整の責任を果たさせる必要がある。そのうえで、法的整合性をとるため、児童福祉法24条 2 項を改正し、認定こども園や小規模保育事業などを利用する子どもについても、保育所の子どもと同様に、市町村が、直接的な保育の実施義務をもつ形とすべきである。

　第 2 に、新制度のもとの施設・事業を統一化し、認定こども園は幼保連携型認定こども園へ、小規模保育事業は保育者すべてが保育士資格者である小規模保育事業Ａ型に一本化すべきである。保育所の基準をスタンダードに、基準の統一化をはかっていくべきである。とくに保育士資格はすべての保育者に必須とし、どの施設・事業を利用しても、保育士による保育を受ける権利を保障する必要がある。そのうえで、公定価格の保育士配置基準を引き上げ、保育所にも、幼稚園や認定こども園に設定されているチーム保育加配加算、副園長設置加算、学級編成調整加配加算などをつけるべきである。

　第 3 に、幼児教育・保育の無償化の対象となっている認可外保育施設の認可化を進めるべきである。先の経過措置は、認可外保育施設が認可化を図るための予算措置を講じる猶予期間とすべきである。死亡事故など重大事故の発生率が高い認可外保育施設の認可化、そのため予算措置を講じることは、子どもの命に関わる最優先施策といえる。

　第 4 に、「隠れ待機児童」を含めた待機児童解消のために、計画的に予算措置を講じて保育所等を増設していく必要がある。当面は、基準を保育所保育と同様とすることを前提に、認定こども園や地域型保育事業の整備も進めていくべきである。待機児童がおらず、保育所の定員割れが生じている地域でも（今後は都市部でもそうした地域が増えると予想されるが）、安易に保育所等の統廃合を進めるのではなく、保育所定員を減らしても公費支出を減らすことなく、保育士配置基準や面積基準の改善を進める必要がある。

　第5に、保護者の経済的負担を軽減するため、保育料の無償化の対象範囲を0～2歳児すべてに拡大し、乳幼児の保育料の全面無償化を実現する必要がある。同時に、前述のように、給食も保育の一環であり、副食費も含め給食費は無償化すべきである。

　第6に、保育士の待遇改善については、公定価格を大幅に引き上げるとともに、保育士や保育所職員の数を制度的裏づけによって増やしていくべきである。国レベルでの改善がすぐには難しくても、自治体が独自財源で保育士の配置基準の改善を進めていくことは可能であろう。

　なお、DVや児童虐待への対応については、支援制度の弾力的運用、児童相談所や支援機関の職員の増員のための財政措置が早急に求められる。

(5) 消費税に依存しない保育の財源確保に向けて

　将来的には、子ども・子育て支援法は廃止し、児童福祉法に一元化し、すべての施設・事業を利用する子どもについて市町村が保育の実施義務をもつ方式に統一すべきである。そして、保育所とりわけ公立保育所は、市町村が保育の実施義務をもつ方式の典型として、他の施設等のモデルとなるべきと考える。実際、新型コロナ対策について、公立保育所をモデルに対応マニュアルを作成し、私立保育所にも適用した自治体もあり、公立保育所は、感染症対策のモデルになりうる。

　財政面では、子育て支援・保育の財源を消費税に求めている現行の仕組みを見直す必要がある。前述のように、保育士の待遇改善や配置基準の改善は緊急の課題だが、先の「対応方針」では、そうした待遇改善は「必要な財源の確保」や「安定的な財源の確保」とあわせて検討されることが前提とされている。ここで「安定的な財源」とは、消費税を意味しており、子育て支援・保育の充実のための財源は、消費税の増税によるか、さもなければ他の給付の削減に求めるべきというのが、後述する社会保障・税一体改革の基本的な政策スタンスである（第6章3参照）。こうした政策スタンスの下では、消費税のさらなる増税か、他の社会保障給付の削減がない限り、十分な予算が確保できず、基準の改善や保育士の待遇改善等は先送り、つまりは現状の

放置ということになる[12]。

　子育て支援・保育の財源を消費税にリンクさせている現在の仕組みを改変し、子育て支援・保育の充実に必要な予算は一般財源に求めたうえで、その予算を保育士配置基準・面積基準など保育基準の改善と保育士等の処遇改善に優先的に振り分けるべきである。そして、その財源は、逆進性の強い消費税ではなく、所得税や法人税の累進性を強化して確保すべきと考える（第6章5参照）。確実な財政保障と保育基準の改善により、子どもを安心して育てることのできる制度への改変が求められる。

12　この問題について詳しくは、伊藤周平「社会保障・保育の財源問題と消費税」月刊保育情報540号（2021年）11-12頁参照。

第4章 雇用保障の法と雇用政策の課題

　序章でみたように、コロナ危機により、経済活動が縮小し、飲食業をはじめとして休業・倒産が相次ぎ、とくに非正規労働者を中心に、雇用の喪失・失業が深刻化している。本章では、コロナ危機で明らかになった日本の雇用保障の脆弱さについて検討し、今後の雇用政策の課題を展望する。

1　コロナ危機のもとでの雇用の現状

(1) 進む雇用の劣化

　1995年に、当時の日経連（日本経営者団体連盟。現在の経団連＝日本経済団体連合会）が「新時代の『日本的経営』」を発表し、正社員を減らし非正規労働者に代替していくことを提唱して以降、財界・経営者団体の経営戦略に沿った形で、1990年代後半から2000年代前半にかけて、労働者派遣法（労働者派遣事業の適正な運営の確保及び派遣労働者の保護等に関する法律）の改正など労働法制の規制緩和が進められ、低賃金で不安定な就労形態の非正規労働者が急増した。
　期間の定めのない労働契約で直接雇用されているフルタイムの正規労働者（正社員）でない労働者は、通常、非正規労働者といわれる。①期間の定めがある有期契約による労働者（契約社員など）、②フルタイムではないパー

トタイム労働者（アルバイトも含む）、③企業に直接雇用されていない派遣労働者などが典型的な非正規労働者である。2019年現在でその数は、2012万人に達し、全労働者の約4割を占めるに至っている。なかでも女性では就業者の半分以上（2019年平均で56.0％）が非正規労働者となっている（総務省「労働力調査」）。先の日経連の提言があった1995年には、その比率は20％程度であったことから、4半世紀で比率は約2倍になり、急速な非正規化が進んだことがわかる。

　非正規化に加え、脆弱な最低賃金制度により、給与だけでは、生活保護基準の最低生活基準を保てない低収入世帯（いわゆる「ワーキングプア」世帯）も急増している。年収200万円以下で働く民間企業の労働者は、1995年には793万人であったが、2006年には1000万人を突破し、2021年には1126.2万人まで増加し、16年連続で1000万人を超えた（国税庁「民間給与実態統計調査」）。

(2) 失業・休業等の状況

　雇用の劣化が進む中、新型コロナの感染拡大によるコロナ危機で、雇用崩壊ともいうべき状況が生み出された。

　総務省「労働力調査」（以下の数値は同調査による）をみると、休業者は、1回目の緊急事態宣言が出た2020年4月には、前年同月比420万人増の597万人にのぼり、リーマンショック直後のピーク時の153万人の約4倍と過去最多となった。その後は減少に転じ、2021年平均の休業者数は206万人で、2022年2月現在では180万人程度にまで減少している。

　一方、就業者数は、2020年3月から4月にかけて105万人も減少し、その後も、2021年3月まで対前年を下回り、2021年平均で6667万人と2020年から9万人減で、2022年も対前年比増加と減少が拮抗している（図表4-1）。コロナ危機による海外からの観光客の激減、飲食店の営業時間短縮、休業などの影響を受け、宿泊業や飲食サービス業で、就業者の減少が最も著しい。完全失業率（労働力人口に占める完全失業者の割合）は、2020年10月には3％を突破したが、その後は低下傾向にあり、2022年6月で2.6％となっている

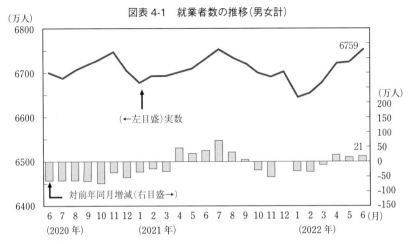

図表 4-1　就業者数の推移（男女計）

出所：総務省「労働力調査」。

が、完全失業者数は、2021年平均で193万人、2020年平均より 2 万人増え、2022年 6 月現在で186万人と高止まりが続いている（図表 4 - 2 ）。また、コロナ禍の長期化で、 1 年以上の長期失業者も、高止まりしているのが特徴である。

　全体として就業者数は減少しているが、失業者数は、失業率が 5 ％を超えて推移したリーマンショックの時の2009年に比べれば低い水準である。これは、感染への不安もあることから、求職活動を断念した人が相当数いたことを示唆している（日本の失業統計では、失職しても求職活動をしない人は失業者にカウントされない）。実際、非労働力人口（15歳以上人口のうち、就業者と完全失業者以外）は、2020年 4 月には前月よりも94万人も急増し、その後も、前年を上回って推移し、2021年平均で4175万人となっている（ただし、2022年に入り減少傾向に転じ、2022年 6 月には4071万人となっている）。こうした形で労働市場から撤退した人々は、求職活動をしていないため、雇用保険の給付対象から外れてしまう。また、後述する「フリーランス」の場合は、そもそも雇用保険の対象外である。

図表 4-2

1. 完全失業者数の推移（男女計）

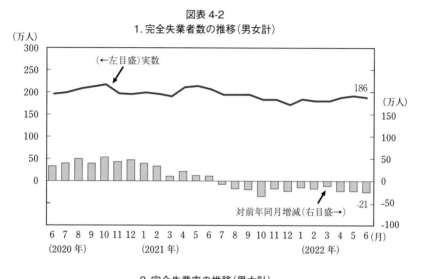

2. 完全失業率の推移（男女計）

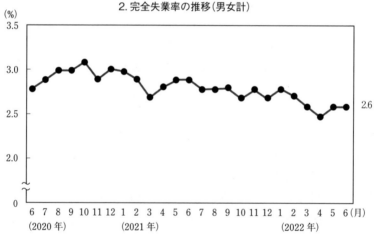

出所：総務省「労働力調査」。

（3）非正規労働者の現状

　前述のように、コロナ危機で大きな影響を受けた宿泊業や飲食業サービス業といった職種は、リーマンショックのときには「雇用の受け皿」として機

能し、多くが非正規雇用の女性労働者、学生アルバイト、外国人労働者で占められていた。今回のコロナ危機では、これらの人々が「雇用の調整弁」として真っ先に解雇された。雇用者数の減少は、大半が非正規雇用の減少によるもので、とくに、サービス業関連の女性の非正規雇用の人数が大幅に減少している。野村総研の「コロナによる休業・シフト減のパート・アルバイト就業者の実態に関する調査」（2021年2月）によれば、女性の実質的失業者数は103.1万人にのぼると推計されている。多くの非正規雇用の女性が、次にみるように、十分な補償なしに職を失うこととなったのである。

　派遣労働者の失職も多い。派遣先の仕事がなくなった場合、派遣会社は、派遣労働者に対して代わりの派遣先を紹介する義務があり、労働者派遣法では、派遣先は労働者の能力、経験、居住地、就業場所、通勤時間、賃金等の以前の派遣契約の待遇を踏まえて合理的な範囲のものでなければならないと定められているが、現場では実践されていない。それどころか、従来の仕事とは全く違う業務・職種や遠隔地の派遣先などを紹介し、それを本人が断ると、自己都合退職扱いとする事例も多くみうけられたという[1]。厚生労働省は、派遣労働者の雇止めを防ぐため、派遣会社に対して、後述の雇用調整助成金を活用し、雇用を維持するよう要請しているが、少なくない派遣会社では、その要請を無視し、派遣先がないという理由で労働契約を解除し、休業補償もしないという対応が横行した。

　また、労働契約の締結時点では、労働日や労働時間を確定的に定めず、一定期間（1週間、1か月など）ごとに作成される勤務表や勤務シフトなどにおいて初めて具体的な労働日や労働時間が確定する「シフト制労働」（厚生労働省「いわゆる『シフト制』により就業する労働者の適切な雇用管理を行うための留意事項」2022年1月7日）と呼ばれる働き方が、サービス業アルバイトや介護現場の登録型ヘルパーなどでみられ、拡大していた。こうした人に対しても、休業を迫られた使用者側の一方的な都合で、シフトを入れず、賃金未払いにしておいて、休業手当も出さず、労働者の退職を促す手法も多

1　伊藤圭一「コロナ禍で雇用に何が起きているか―実態と課題を探る」経済305号（2021年）55頁参照。

発した。

(4) フリーランスの現状

　2015年ごろから、宅配代行のウーバー従事者など、「ギグワーカー」と呼ばれるウェブサイトを利用した新たな労働形態が増加し、個人請負型の就業形態が若年層を中心に広がりを見せている。「ギグ」とは、もともとジャズなどで1回限りの演奏を意味する英語で、転じて、短期で単発の労働を指す言葉として使われる。多くは、インターネットを用いて事業を展開する「プラットフォーム企業」からスマートフォンのアプリを通じて、宅配サービスなどの仕事を受け、仕事ごとに報酬を得る働き方で、こうした働き方の「プラットフォームワーカー」[2]は、企業の指揮・命令を受けているにも関わらず個人事業主として位置づけられ、労働法規の適用を受けない。そのほかにも、俳優、イラストレーターなど多種多様な就業形態の人たちが存在し、労働法規の適用を受けない点では同様である。

　これらの人は、経済的従属性があり労働力に依拠して生計を維持している就業者であるが、自ら労働者を雇用することなく、特定の企業と取引をして雇用労働者と類似した状況にある場合が多い。内閣官房・公正取引委員会・中小企業庁および厚生労働省の連名からなる「フリーランスとして安心して働ける環境を整備するためのガイドライン」（2021年3月。以下「フリーランスガイドライン」という）では、フリーランスを「実店舗がなく、雇人もいない自営業主や一人社長であって、自身の経験や知識、スキルを活用して収入を得る者」と定義している。また、内閣官房による統一調査では、①自身で事業を営む、②従業員を雇用していない、③実店舗をもたない、④農林漁業従事者ではない人を「フリーランス」と定義している（本書での「フリーランス」は、この定義に従う）[3]。

2　プラットフォームワーカーについても、フリーランスとしてのワーカーや、リモートワーカーとしてのワーカーやウーバーの運転手など顧客と対面する対面型のように、多種多様な形態がある。詳しくは、笠木映里「プラットフォームワーカーへの社会保障」ジュリスト1572号（2022年）23-24頁参照。

　これらのフリーランスは、労働法規の適用を受けないばかりか、労働保険や社会保険の適用もない。労働基準法（以下「労基法」という）9条は、「労働者」とは「職業の種類を問わず、事業又は事務所に使用される者」で「賃金を支払われる者」と規定し、労災保険の適用対象も、労基法9条の「労働者」と同じと解されている（「労働者性」といわれる）。労災保険は、アルバイト・常雇いなどの雇用形態は問わず適用されるが、フリーランスについては、労働者性が否定されるため、労災保険の適用はない。たとえば、自己所有のトラックを持ち込み、運送業務に従事していた運転手について、最高裁は、労働者災害補償保険法（労災保険法）上の労働者性を否定している（最判1996年11月28日判時1589号136頁）。

　また、雇用保険の被保険者は、雇用保険の適用事業に雇用される労働者で、労働者の年齢や就労形態から、一般被保険者など4つの類型がある。フリーランスは、適用事業に雇用されているわけではないので、雇用保険の対象外である。そもそも、日本では、一部の短時間労働者も雇用保険の適用対象外となっており、雇用保険の対象者が雇用労働者全体をカバーしていない。

　そして、コロナ危機で、委託や請負契約で定められた報酬によって生活しているフリーランスは、受注減による報酬減少もしくはゼロという事実上の失業状態に陥った。にもかかわらず、労働者性が否定されているため、雇用労働者に認められている保障を受けることができず、深刻な生活困窮に陥った。コロナ危機は、非正規雇用の労働者やフリーランスといった「脆弱労働者」[4]がいかに不安定な立場にあり、それらの人への現行の雇用保障制度がいかに脆弱であるかを明らかにしたといえる。次に、こうした脆弱な雇用保障を生み出してきたこれまでの雇用政策について検討する。

3　フリーランスと類似の概念として、個人請負型就業者、自営的就業者などがある。自営的就業者については、高畠順子「社会保障法制における自営的就業者の位置づけと保障のあり方」社会保障法36号（2021年）72-75頁参照。
4　OECD（経済協力開発機構）の報告書は、これらの人を「脆弱労働者（vulnerable workers）」と表現している。OECD, *Employment Outlook 2020*, p49.

2 雇用政策の展開と特徴

(1) 雇用保険制度改革の展開

　日本では、労働者の休業や失業等に伴う賃金の喪失に対応するため、政府を保険者とする雇用保険が存在する。雇用保険は、労働者が失業した場合および雇用の継続が困難となる場合などに必要な給付を行う政府所管の社会保険であり（雇用保険法1条・2条1項）、労災保険とあわせて「労働保険」と総称される。

　雇用保険法は、経済社会状況の変化に対応して、ほぼ毎年のように改正が行われてきた。とりわけ、2000年代に入ってからの雇用保険制度の見直しにより、失業者の雇用保険給付の受給割合が2割程度に落ち込み、失業時の所得保障制度としての機能が大きく低下した。

　まず、2000年の改正では、バブル崩壊後の経済不況下での失業率の上昇による雇用保険財政の悪化、少子高齢化の進展などを背景に、雇用保険料率の引き上げ、育児休業給付・介護休業給付の給付率の引き上げ、「特定受給資格者」の創設などが行われた。ここで「特定受給資格者」とは、倒産・解雇等によって離職した者で、離職前1年間に6か月の被保険者期間があれば失業給付を受給できる。これに対して、定年や雇用期間の満了および自己都合退職者（後述する特定理由離職者に該当する者は除く）は、離職前2年間に被保険者期間が12か月必要となる。離職理由によって差を設けたわけである。

　2003年の改正では、自己都合退職などの離職理由と被保険者期間によって給付日数に大幅な格差を設け、短時間労働被保険者と一般被保険者の基本手当日額の算定方法が統合されたことで、給付日数の平均値がほぼ25％も引き下げられた。さらに、2005年の改正では、雇用期間の満了などの場合、受給資格要件を満たす被保険者期間が、これまでの離職前1年間6か月から離職前2年間に12か月とされた。2007年の改正では、短時間労働被保険者の区分

が廃止され一般被保険者に一本化され、雇用保険事業が2事業に整理された。

　2008年秋のリーマンショックで失業が急増する中、2009年に、派遣就労やパート労働者の雇用保険の資格取得要件について、31日以上の雇用見込みに短縮する改正が行われた。同改正では、「特定理由離職者」[5]の創設や給付日数の延長も行われ、雇用保険の適用範囲の拡大と給付の拡充が図られた。もっとも、失業時の基本手当の受給要件が依然として厳しく、給付の水準も十分とはいえなかった。

(2) 雇用調整助成金

　雇用保険法では、失業者に対する失業等給付のほかに、労働者の職業の安定に資するという目的を遂行するため、事業主が負担する雇用保険料を原資として雇用安定事業と能力開発事業を実施している（雇用保険2事業といわれる）。

　雇用安定事業のうち雇用調整助成金（以下「雇調金」という）は、不況などにより急激な事業活動の縮小を余儀なくされた事業主が、雇用の維持のために、一時休業、雇用調整のための出向などを行う場合に、事業主が支払う休業手当や出向労働者の賃金負担額の一部を助成金として支給するものである。企業内での雇用維持・確保を図り、失業の増加を抑えるという意味で、不況時において重要な役割を果たしてきた。

　この雇調金を用いれば、休業手当の支給は可能なはずだが、雇調金の制度は、企業側からの申請を前提とする間接給付であり、これまで助成金の不正受給があったことなどが問題となり、申請手続きが複雑になっていた。

(3) 雇用政策の特徴と問題点

　そして、1990年代以降の日本の雇用政策は、労働者派遣法の改正と派遣労

5　「特定理由離職者」とは、正当な理由のある自己都合退職者など、受給資格要件および所定給付日数について特定受給資格者と同様の扱いを受ける者をいう。

働の拡大などの労働法規の規制緩和、雇用保険制度の受給要件の厳格化や給付制限の強化といった形で進められた。その目的は、雇用保障における公費負担の抑制とともに、事業主負担などの費用負担の責任を含む企業責任の縮小もしくは回避にあったといってよい。

　とくに、フリーランスなどの雇用労働に類似した自営業者については、ILO（国際労働機関）やEU（欧州連合）が、その法的な無権利状態を問題視し、後述のように、その法的保護をはかる方向に政策を転換してきたにもかかわらず、日本では、フリーランスを新たな就業形態のひとつとして積極的に追認し、法的保護をしないまま「雇用によらない働き方」として奨励・拡大しようとする政策動向が際立っている[6]。労働者保護の使用者（企業）責任（休業保障や失業保障、労災補償など）を免れるため、「労働者」の線引きの外におかれた「雇用類似」のフリーランス（とくに女性）を増加させる政策がとられている。

　こうした政策の結果、雇用保険に加入している労働者の割合は全体の6割にとどまり、不安定雇用の労働者ほど雇用保険に加入していない（できていない）状況が生み出された。また、派遣労働者をはじめ不安定な雇用の非正規労働者が増加、さらには労基法や労災保険の適用のないフリーランスも増大した。そこにコロナ危機が到来したのである。

3　コロナ危機で明らかになった雇用保障の問題点

（1）雇用調整助成金の問題点

　新型コロナの感染拡大は、雇用形態が不安定な非正規労働者やフルーラン

6　同様の指摘に、脇田滋「コロナ禍で浮き彫りになったフリーランス保護の必要性」労働法律旬報1975＝1976号（2021年）17頁参照。

スの人などの雇用維持と生活保障の必要性を浮き彫りにした。とくに、飲食店などの休業に伴う休業者の急増により、雇用の継続を前提とする休業時の保障が問題となった。

　労基法は、使用者の責に帰すべき休業に対して、最低保障として平均 6 割以上の休業手当の支給を使用者に義務付けており、違反については罰則も予定されている（26条）。休業手当については前述の雇調金による助成がある。そして、雇調金の助成率については、コロナ危機による雇用状況の悪化を踏まえ、後述のように、2020年 4 月以降、助成率と日額上限の引き上げといった特例措置が講じられた。

　しかし、休業手当について、煩雑な申請手続きを嫌って雇調金の申請をしなかったり、そもそも、非正規労働者には支給不要と誤解していたり、新型コロナ感染拡大による休業は、企業側に休業手当の支払義務がないかのようなアナウンスがなされていたりしたため、休業手当の支払いを拒む企業があとをたたなかったという[7]。また、前述のシフト制労働者の場合には、事業主が休業しているにもかかわらず、シフトを入れないことで休業として取り扱わず、休業手当を支払わないといった問題が噴出した。厚生労働省も、シフトが確定しない期間については、法的には「休業」とは評価できず、一般的には労基法26条の休業手当の支払い義務はないという解釈を示し、労働基準監督署等の窓口でも、そうした運用がなされたため、多くのシフト制労働者が補償なし休業の状態に置かれた。

(2) 休業手当の問題点

　しかも、休業手当の基礎となる平均賃金が、過去 3 か月の総賃金額を暦日（休日を含む）数で割って計算するため、非正規雇用の労働者の場合、各種手当が支給されないこともあり、平均賃金は時給や日額より、かなり低額に算定される。加えて、休業手当の計算は、平均賃金に予定されていた労働日

7　詳しくは、今野晴貴「日本の資本主義と『アフター・コロナ』─生存権と賃労働規律から読み解く」現代思想48巻10号（2020年）38-39頁参照。

のうちで休業となる日数分しか計算されない。これは、労災保険の休業補償給付（業務災害）・休業給付（通勤災害）、健康保険の傷病手当金がいずれも、所定労働日以外の休日についても給付の対象としていることとの均衡を欠く。結果として、非正規労働者では、休業手当の額は、時給や日給の4割程度にしかならない。これでは、もともと賃金の安い非正規労働者は暮らしていけない。

　また、週20時間未満の短時間労働のため雇用保険に加入していなかったり、前述のように個人事業主と位置づけられるフリーランスなどは、休業手当そのもの支給がなく、コロナ危機で、生活困窮に陥る人が続出した。同時に、労働行政の人員削減が進められていたため、体制がひっ迫し、事業主への雇調金や各種給付金の支払いが遅れ、労働者が休業手当や給付金を迅速に受け取ることができないという運用上の問題も顕在化した。

　そもそも、使用者に責任のある休業の場合には、使用者は労働契約上の義務に違反して労働者を働かせることができていないのだから、労働者に賃金100％相当分を支払う必要があるはずである。にもかかわらず、労基法26条は、使用者に責任のある休業について「平均賃金の100分の60以上」の休業手当の支払いしか義務付けていない。この休業手当の平均賃金6割保障は、7～8割を保障する諸外国より格段に低いこと、また、日本の類似制度である未払賃金立替制度や労災保険の休業補償が8割を保障するのと比べても低すぎるなどの問題点と法改正の必要性が指摘されている[8]。

(3) 基本手当の給付制限

　一方で、雇用保険の失業等給付のうち基本手当については、①受給資格者が、ハローワーク（公共職業安定所）の紹介する職業に就くこと、または公共職業安定所長の指示した公共職業訓練等を受けることを拒んだとき、②再

8　脇田滋「コロナ禍による雇用危機と雇用安定網構築の課題」木下秀雄・武井寛編著『雇用・生活の劣化と労働法・社会保障法─コロナ禍を生き方・働き方の転機に』（日本評論社、2021年）209頁。

就職を促進するために必要な職業指導を受けることを拒んだとき、③被保険者が自己の責めに帰すべき重大な理由によって解雇され、または正当な理由なく自己の都合によって退職した場合には、一定期間支給されない給付制限が設定されている。このうち、③の正当な理由がない自己都合退職の場合、7日間の待期期間満了後1か月以上3か月の間で公共職業安定所長の定める期間、基本手当が支給されない。行政解釈および裁判例では「正当な理由」とは、事業所の状況、被保険者の健康状態、家庭の事情などから、その退職がやむをえないものであることが客観的に認められる場合と解されている（東京地判1992年11月20日労働判例620号50頁）。

　行政実務では、自己都合退職の場合、通常2か月の給付制限期間が設定されるため（従来は3か月が通常であったが、コロナ禍で、2020年10月から2か月に短縮された）、失業者は、この期間、生活に困窮する状態に置かれる。しかし、いじめやパワハラなどで退職に追い込まれた場合で、本来であれば「特定理由離職者」とされるべきなのに、「自己都合退職」とされている実態があった。

　そして、新型コロナの影響で、事業所が休業し労働時間が減少したことにより離職した労働者が自己都合退職とされ、給付制限が設定されるという問題が浮上した。とくに、勤務日数や時間がシフトにより決定されるシフト制労働者が、新型コロナの影響により、大幅にシフトが減少したため離職し、給付制限が設定される事例が続出した。この問題については、2021年3月以降、それらの労働者も「特定理由離職者」として取り扱い、給付制限を受けない方向に改善されたが、後述のように、給付制限そのものの撤廃が必要であろう。

4 　コロナ危機による雇用崩壊への対応と　その限界

(1) 雇用調整助成金の特例措置

　以上のようなコロナ危機で噴出した雇用崩壊ともいうべき諸問題への政府の対応をみていく。

　まず、2020年6月に、雇用保険法臨時特例法（新型コロナウイルスの感染症等の影響に対応するための臨時特例等に関する法律）が成立し、雇用保険の基本手当の給付日数を原則60日延長する措置がとられた。

　ついで、新型コロナの感染拡大にともなう緊急対応期間（2020年4月〜）の特例措置として、雇調金の助成率が、大企業、中小企業とも最大100％に引き上げられ、対象労働者1人あたりの支給額の日額上限も、従来の8330円から1万5000円に引き上げられた。

　その後、繰り返される感染拡大の中で、特例措置は何度も延長され、結局、2022年9月末まで延長された。2022年3月から9月までは、原則的な特例措置は、中小企業は助成率5分の4（解雇等を行わない場合は90％。以下同じ）、大企業は助成率3分の2（4分の3）、日額上限はそれぞれ9000円、まん延防止等重点措置と緊急事態宣言等の対象地域（特例地域）もしくは生産指標が前年度同期比30％以上減少の事業主（業況特例）では、中小企業・大企業ともに助成率5分の4（100％）、日額上限1万5000円となっている。

　雇調金の特例措置については、雇用保険法臨時特例法により、2020年度と2021年度は、失業等給付に対する一般会計からの任意繰入や雇調金に要する費用の一部の一般会計からの繰入、雇用安定事業に要する経費について失業等給付の積立金からの借入等を可能にする財政運営上の特例措置がとられた。

(2) 新型コロナウイルス感染症対応休業支援金・給付金

　雇用保険法臨時特例法では、新型コロナの感染拡大の影響により事業主
（会社など）が休業させ、休業期間中に休業手当を受け取ることができなか
った雇用保険の被保険者に対して、新型コロナウイルス感染症対応休業支援
金（以下「休業支援金」という）を支給する事業が創設された。これは、中
小企業の雇用保険の被保険者（のちに大企業の被保険者にも拡大）に対し、
休業前賃金の80％（日額上限1万1000円。その後、原則同8265円となり、申
請対象となる休業期間は2022年9月末、申請期限は同年12月末まで延長）を
休業実績に応じて支給するもので、労働者本人が申請し、ハローワークで受
給できる労働者への直接給付である点に特徴がある。
　さらに、雇用保険の被保険者でない労働者についても、休業支援金と同様
の給付金（以下「休業給付金」という）を支給する事業も創設された。雇用
保険に加入できないフリーランスなど個人事業主に対しても直接支給される
制度であり大きな意義を有する。
　休業支援金の支給については、原則として、事業主と労働者で共同して作
成した支給要件確認書により確認する。事業主である会社などに「休業は会
社の指示」「会社は休業手当を払っていない」と申請書の確認欄に記入して
もらう必要があるが、事業主の協力が得られず、申請を断念する労働者も出
て問題となった。
　そこで、2020年10月に、厚生労働省の通知により、休業の事実が確認でき
ない場合であっても、①労働条件通知書に「週○日勤務」などの具体的な勤
務日の記載がある、申請対象月のシフト表が出ているといった場合で、事業
主にその内容に誤りがないことが確認できる事例、②休業開始月前の給与明
細等により、6か月以上の間、原則として月4日以上の勤務がある事実が確
認可能で、かつ、事業主に対して、新型コロナの影響がなければ申請対象月
において同様の勤務を続けさせていた意向が確認できる事例は、休業支援金
の対象となる休業として取り扱うこととされた。
　運用が弾力化されたとはいえ、必要な書類をそろえて申請するためには、

事業主の確認など、事業主側との交渉が必要となり、労働者個人で行うには限界がある[9]。労働組合による同行申請などの支援が必要だが、パート労働者の労働組合組織率は8.7%にとどまる（2020年）。実際、休業支援金の支出は、予算の3割強にとどまっており、必要な人が支援を受けられていないのが現状だ。事業主側の証明書は不要にする、シフト制労働者については、急なシフトカットは、労働者の期待権を侵害するものとして、平均的な労働時間分を休業とみなして、休業手当の支払いを義務付けるなどの改善が必要である。

(3) 小学校休業等対応助成金

　一方で、2020年3月に行われた全国の小学校等の臨時休校に際して（第3章1参照）、子どもの世話のため休業した保護者に対する小学校休業等対応助成金の仕組みが導入された。同助成金は、小学校、学童保育、幼稚園、保育所、認定こども園などの休校や登園自粛、濃厚接触者認定などで仕事を休業した保護者に、年次有給休暇以外の賃金全額支給の特別有給休暇を取得させた事業者に支給される（2022年4月からの休業取得は日額上限9000円。申請対象期間中、緊急事態宣言の対象区域またはまん延防止等重点措置を実施すべき区域であった地域に事業所のある企業については1万5000円）。ただし、自主的な休校、休園の場合は対象外となる。

　同助成金の対象は、当初は、保護者が雇用保険適用の労働者である場合に限定されていたが、批判を受け、雇用保険に加入していない非正規労働者や①個人で契約に基づく業務を行うこと、②業務遂行に要する日や時間を前提とした報酬であることを条件に、フリーランスにも拡大された。

　ただし、同助成金では、休業させたことの確認が事業主（企業など）から得られなければ、休業支援金による個人申請を行えない運用になっていたため、企業側の協力が得られず、申請を断念する事例が続出した。そのため、

9　同様の指摘に、竹信三恵子「『丸裸の非正規』が照らす公助の不備」Journalism 379号（2021年）14頁参照。

労働局は、まずは保護者の申請を受け付けたうえで、事業主に休業させたことの確認を行う運用に改められた（助成金の対象期間についても2022年9月末まで、申請期限は同年11月末まで延長された）。

(4) 雇用保険の求職者給付の特例

　失業者に対する雇用保険の求職者給付についても、2020年10月から、正当な理由のない自己都合退職の場合の給付制限期間が、5年間のうち2回までであれば、従来の3か月から2か月に短縮された。

　また、シフト制労働者で、労働契約に具体的な就労日数が労働条件として明示されている一方で、シフトを減らされた場合や契約更新時に、従前の労働条件からシフトを減らした労働条件を提示されたため、更新を希望せずに離職した場合には「特定理由離職者」または「特定受給資格者」と認められる取り扱いがなされている。2021年3月31日以降は、シフト制労働者のうち、新型コロナの影響により、シフトが減少し（労働者本人が希望して減少した場合は除く）、おおむね1か月の期間、労働時間が週20時間を下回った、または下回ることが明らかになったことにより離職した場合には、「特定理由離職者」として、雇用保険求職者給付の給付制限は受けない取り扱いとされている。

　さらに、事業主から休業手当が支払われず、コロナ休業支援金を受けている労働者が離職した場合には、2か月待機の給付制限を受けるという問題があったが、この問題も、厚生労働省の通知により、2022年5月から、新型コロナの影響で事業所が休業し（部分休業も含む）、おおむね1か月以上の期間、労働時間が週20時間を下回った、または下回ることが明らかになって離職する場合も、「特定理由離職者」と扱われ、給付制限は受けないこととされた。この場合、会社から休業手当が支払われているかは問われない。

　これらの特例措置により、給付制限を受けない対象者が拡大され、一定の改善はみられるが、そもそも、離職者は雇用保険の被保険者として雇用保険料を支払ってきていること、退職に正当理由を求めることは労働者の退職や転職の自由を制約することになることから、自己都合退職を理由にした雇用

保険の求職者給付の給付制限は撤廃すべきと考える[10]。

(5) フリーランスへの政策的対応

　コロナ危機では、前述のように、安易な契約のキャンセルや解除などにより、立場の弱いフリーランスは、収入減と深刻な生活困窮におかれた。こうした状況を受け、フリーランスへの政策的対応も不十分ながら行われた。

　新型コロナ休業給付金や小学校休業等対応助成金のほか、健康保険では、業務外傷病のため被保険者が就労できなくなり賃金を受け取ることができない場合には、傷病手当金が支給される仕組みがある。しかし、フリーランスなどの個人事業主・自営業者が加入する国民健康保険では、傷病手当金は任意給付に位置づけられており、これまで給付を行っている保険者（自治体）はなかった。こうした中、新型コロナに罹患し休業等を余儀なくされた被保険者に限定してではあるが、傷病手当金を支給する国民健康保険の保険者（自治体）がでてきた。ただし、支給対象は、被用者保険に加入していない非正規の労働者などに限定され、フリーランスなど個人事業主を支給対象としている自治体は少数である。

　雇用労働者の場合の休業手当など、フリーランスには類似の制度がなかったが、前述の休業給付金が創設され、また、コロナ禍で大きな影響を受けた事業者に対する持続化給付金（最大100万円）が、主な収入を雑所得や給与所得として確定申告しているフリーランスにも適用拡大された。ただし、支給までに時間がかかるという課題は残されている。

10　詳しくは、伊藤・社会保障法 254-255頁参照。

5　雇用政策の動向と雇用保障の状況

(1) 労災保険の特別加入制度の拡大

　コロナ危機のもとでの雇用政策の動向をみると、2020年の高年齢者雇用安定法（高年齢者等の雇用の安定等に関する法律）の改正で、70歳までの高年齢者の就労確保措置として、企業に定年廃止や70歳までの定年引上げ・継続雇用とともに、労働契約によらない業務委託契約の締結（創業支援措置）が企業の努力義務として盛り込まれた（10条2項）。

　省令改正により、創業支援措置で実施する業務については、労災保険の特別加入制度の適用対象とされ（2021年4月から）、このほかにも、2021年4月から、芸能従事者、アニメーション制作従事者、柔道整復師などが、2021年9月から、自転車配達員やITフリーランスなどが労災保険の特別加入制度の対象とされた。

　労災保険の特別加入制度は、本来は労災保険に加入できない中小規模の事業主や家族従事者（いわゆる「1人親方」）が、労働者と変わらない業務等により負傷した場合などに労災保険の給付を受けることができる制度である（労災保険法35条）。しかし、保険料はすべて加入者本人の自己負担となり、通勤災害の補償はない。雇用関係類似のフリーランスについては、後述のように、労働者性を認め、労災保険適用とすべきであろう。

(2) 2022年の雇用保険法等の改正

　前述の雇調金の財政上の特例措置により、雇調金の支給総額は2021年度中に5兆円を突破し、失業率の上昇を抑えるなど一定の効果を発揮したものの、雇用保険財政は、雇用保険料率と国庫負担割合が2022年3月末まで暫定的に引き下げられてきたこともあり、支出が保険料収入を大幅に上回り、積立金

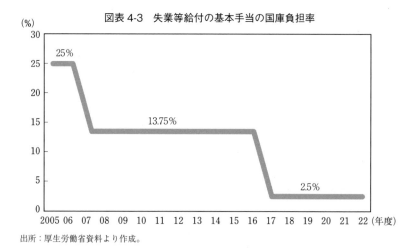

図表 4-3　失業等給付の基本手当の国庫負担率

出所：厚生労働省資料より作成。

もほぼ枯渇するなど悪化が顕著となった。そのため、補正予算等により、2021年度末までに一般会計から累計３兆円を超える繰入が行われた。

　こうした状況を踏まえ、2022年に雇用保険法等が改正され（以下「2022年改正」という）、同年度より、雇用保険料が引き上げられた。労使の負担増を緩和するため、失業等給付にかかる雇用保険料を本則（0.8％）とすべきところを、年度前半（４月〜９月）は現行の水準0.2％に据え置き、年度後半（10月〜翌年３月）は0.6％とする軽減措置がとられた。これにより、雇用保険料率全体では、年度前半が0.95％、年度後半が1.35％になった。労働者の保険料の引き上げは2022年10月からはじまり、月収30万円の労働者の場合、負担分は月900円から月1500円と600円の負担増となっている（事業主分も600円の負担増）。

　雇用保険の国庫負担については、失業等給付（基本手当）に対して費用の４分の１（25％）とされていたが、2007年の法改正で、同年度から暫定的に13.75％に引き下げられ、さらに2017年度から2021年度まで、時限的に2.5％に引き下げられていた（図表４-３）。2020年の雇用保険法改正時に、衆参の厚生労働委員会で、早期に財源を確保し、国庫負担割合を25％に戻すことを求める付帯決議がなされたが、2022年改正では、国庫負担率2.5％を原則とし、雇用情勢、雇用保険財政が悪化した場合にのみ、25％に引き上げるとい

う改定が行われた。25％となる基準は、失業等給付の受給者数が70万人以上
となっているが、過去でこの基準に達したのは、リーマンショック時で、完
全失業率は 5 ％を超えていた。これだけの水準に達しないと25％に戻さない
というのでは改悪というほかない。付帯決議を守り、保険料の引き上げを抑
えるためにも、国庫負担の負担割合を本則の25％に戻すべきである。

　雇用保険法等の改正では、失業等給付にかかる暫定措置の継続など給付面
での対応も行われた。すなわち、①雇止め離職者や雇用情勢の悪い地域の求
職者への基本手当の給付日数の拡充措置の延長（2021年度まで→2024年度ま
で）、②教育訓練支援給付金の暫定措置の延長（2021年度まで→2024年度ま
で）、③コロナの影響による離職者の基本手当の給付日数拡充措置の対象期
間の設定（緊急事態宣言ごとに緊急事態措置解除から 1 年経過後まで）、④
雇用保険に一定期間加入後に離職して起業する者が廃業した場合に基本手当
を受給しやすくする仕組みの新設などである。このうち、①では、雇止め離
職者は、通常、一般の離職者と同じ給付日数（90日〜150日）であるが、特
定受給資格者と同じ給付日数（90〜330日）に拡充する措置が2025年 3 月末
まで延長された。また、④は、雇用保険の基本手当は、短期的な失業に対す
る保障を目的としていることから、原則として離職の日の翌日から 1 年間を
受給期間としているが、基本手当の受給資格者が事業を開始した場合等につ
いて、最大 3 年間、当該事業の実施期間を受給期間に参入しない特例が設け
られた。

(3) フリーランスの権利保障に向けて

　フリーランスや「ギグワーカー」と呼ばれるプラットフォーム労働者の無
権利状態は、世界的なコロナ・パンデミックによる雇用危機を経て、各国で
問題視されるようになった。
　ヨーロッパ諸国では、2020年から2021年にかけて、プラットフォーム労働
者やフリーランスの労働者性を認める判決が相次いで出された。フランスの
裁判所では、フードデリバリーの配達員の労働者性が肯定され、イギリスで
も、ウーバーと契約している運転手を雇用関係にある「従業員」と認める判

128

断を連邦最高裁が出し、最低賃金や有給休暇、団体交渉権をかちとった。スペインでは、食事配達員を従業員とする法律が施行された。

　こうした各国の労働運動の高まりと法制化の動きを受けて、EU（欧州連合）の執行機関である欧州委員会は、2021年12月に、「プラットフォーム労働の労働条件改善に関する指令案」を発表、プラットフォーム企業が①報酬を決定または上限を設定している②アプリなどの電子的手段で仕事の成果を監視している③労働時間や休みの制限④服装や仕事の進め方について規則を設けている⑤顧客との関係づくりや他の事業者のために働くことを制限している—という5つのうち、2以上に該当した場合は、企業は「雇用主」にあたり、従事者に対し労働者と同じ権利を保障しなければならないとしている。指令案（法案）は今後、欧州会議や閣僚理事会で審議され、成立すれば、各国政府が国内法を整備する。EU指令案に象徴されるように、フリーランスやプラットフォーム労働者の権利保障に向けて世界的な流れができつつある。

　これに対して、日本でのフリーランス保護の政策的取り組みは遅れが目立つ。先の「フリーランスガイドライン」では、①報酬の支払遅延、②報酬の減額、③著しく低い報酬の一方的な決定、④やり直しの要請、⑤一方的な発注取り消し、⑥役務の成果物に係る権利の一方的な取り扱い、⑦役務の成果物の受領拒否、⑧役務の成果物の返品、⑨不要な商品または役務の購入・利用強制、⑩不当な経済上の利益の提供要請、⑪合理的に必要な範囲を超えた秘密保持義務等の一方的な設定および⑫その他取引条件の一方的な決定、変更・実施といったフリーランスとの契約において問題となる12の行為類型が挙げられている。これらの行為類型は、大半が下請法で規定されている行為であり、既存の法制度の適用拡大による対応にとどまる。

　しかし、フリーランスの抱えている諸問題に、法改正を必要としない範囲で対応しようとする対処療法的な対応では、フリーランスについて労働者性の有無が検討されないまま、自営業者であることが確定され、不安的な地位が固定化してしまうおそれがある[11]。現在の政策は、フリーランスの権利保

11　同様の指摘に、橋本陽子「フリーランスの契約規制—労働法、民法および経済法による保護と課題・追記」笠木ほか・コロナと法 79頁参照。

障の拡充という世界的な流れに逆行するきわめて不十分なものというほかない。対処療法的な対応ではなく、後述のように、抜本的改革が必要である。

6　雇用政策の課題

(1)　雇用保険の見直し

　以上のような雇用保障の現状を踏まえ、以下、雇用政策の課題を提示する。
　雇用保険については、求職者給付の所定給付日数を少なくとも2000年改正前に戻し、特定受給資格者制度は廃止し、基本手当日額と所定給付日数等の見直しを行うべきである。また、週20時間未満で働く非正規労働者は、2021年の平均で649万人にのぼっているが（厚生労働省調査）、現在、これらの人は雇用保険の対象になっていない。前述のように自己都合退職の場合の給付制限の撤廃も含め受給資格要件を大幅に緩和する必要がある。
　さらに、基本手当の所定給付日数が基本的に90日ときわめて短期であるという問題がある。現在の雇用情勢から、90日で再就職することはきわめて難しく、所定給付日数は最低でも180日とし、全年齢層において再就職が困難な状況にあることから、年齢による差も設けず、被保険者期間に応じ最長360日までの給付日数とすべきである。
　将来的には、短時間労働者など非正規労働者も含め労働者すべてを雇用保険の適用対象とすべきであろう。当面、受給資格要件を緩和し、離職理由による受給資格差別をなくし、被保険者資格6か月のみで受給資格要件を満たす形とすべきである。

(2)　休業手当の改善、休業支援金・給付金の恒久化

　休業手当については、労基法26条を改正して、使用者の責による休業の場

合、賃金全額分を支払うことを義務付け[12]、休業手当も、労災保険の休業補償にあわせて、所定労働日以外の休日を含めて平均賃金の8割を保障する必要がある。シフト制労働者も、シフトが確定しない期間についても、労働契約書や就労実態から労働日・労働時間を特定することが可能であることから、当該労働者を雇用する企業が休業手当の支給義務を負うべきである[13]。

また、雇調金の特例措置や事業者への持続化給付金、労働者個人に支給される休業支援金・給付金は、期限付きの助成金・一時金の支給であり、コロナ禍の長期化で、一時金は使い果たし、資金繰りが間に合わず廃業や倒産に追い込まれる事業者、生活に困窮する人が増大している（第5章5参照）。前述のように、休業支援金・給付金の支給対象は、雇用保険加入者だけでなく、雇用保険に加入していない非正規労働者やフリーランスなどにも拡大されていた。当面は、少なくとも、新型コロナの感染が収束するまで、この制度を続け、休業支援金・給付金の支給を行うとともに、雇調金の特例措置も延長すべきである。

将来的には、休業支援金・給付金制度の恒久化が必要である。同時に、雇調金をはじめ各種の給付金の迅速な支給のためにも、労働行政における人員増も不可欠である。

(3) フリーランスの雇用保障の拡充

コロナ危機は、非正規雇用の労働者ばかりでなく、フリーランスといった人々の生活保障の脆弱さを浮き彫りにした。2020年の厚生労働省の調査では、フリーランスの数は462万人にものぼっており、雇用労働者のみならず、フリーランスが失職しても、当面の生活に不安を抱かずに求職活動などが可能となる雇用保障の再構築が必要である。その意味で、現在の政権や経済界が志向しているようなフリーランスを「非雇用」の安上がり労働力として活用

12　同様の指摘に、脇田滋「『シフト制労働』の問題点と法・政策的課題」月刊全労連298号（2021年）8頁参照。

13　川口智也「コロナ禍で浮き彫りとなった非正規労働・シフト制労働の問題」住民と自治711号（2022年）39頁は、シフト制労働者の休業補償を明確に企業に義務づける法改正が必要とする。

しようとする政策から、EU 諸国などのように、フリーランスを「脆弱労働者」と捉え、その不安定で劣悪な実態の改善をはかる方向への政策転換が求められる。

　まず、フリーランスの形式をとっていても、実態として労働者性を有する者には、各種の労働法規の適用とともに、雇用保険や労災保険などの労働保険、さらには厚生年金や健康保険など社会保険の適用が行われるべきことは当然である。問題は、現行法では、自営業者として位置づけられ、労働者性が否定されているフリーランス（多くがこれに属する）の場合である。この点については、労基法上の労働者概念を前提として構築されている現行の被用者保険の仕組みでは技術的にも原理的にも困難であるとし、将来的なフリーランス保険の社会保険化や私保険としてのフリーランス保険の規制を提言する見解がある[14]。また、既存の社会保険システムの延長で、フリーランス等の個人事業主の失職の問題に対応することには限界があるとして、働き方に中立的なベーシックインカムのような所得保障制度の可能性を提言する見解もある[15]。さらに、近年、フリーランスを対象とする民間保険も販売されており、その普及について何らかの規制を行う手法もありうる。

　私見では、日本での現在の労働法における狭い労働者概念を見直し、フリーランスも広義の労働者と捉え（少なくとも、労働者性を認める範囲を拡大し）、労働法規を適用し、解雇（契約解除）の規制と休業保障を徹底すること、雇用労働者と同様の労災保険・雇用保険、健康保険・厚生年金を適用するべきと考える。その際、問題となる保険料の事業主負担部分（労災保険の場合は全額事業主負担、雇用保険・健康保険では労使折半などとなっている）については、公費負担とすべきであろう。また、一方的な契約打ち切りの抑制、最低賃金、労働組合の結成や団体交渉権、ストライキなどの争議権の保障するための法整備が求められる[16]。

14　丸谷浩介「フリーランスへの失業保険—リスクは社会化されたのか」法律時報92巻12号（2020年）77-78頁参照。

15　沼田雅之「コロナ禍で明らかになった社会保障の課題—フリーランス等の個人事業主の『失業』を題材に」労働法律旬報1975＝1976（2021年）25頁参照。

（4）失業扶助制度の創設

　そして、フリーランスを含め失業や収入喪失の場合のより普遍的な生活保障制度として失業扶助制度の創設が必要である。

　イギリス、ドイツ、フランス、スウェーデンでは、失業給付期間を超えても、減額はされるが一定額の給付が失業者に支給される失業扶助制度が存在する。失業扶助制度は、失業保険の給付期間を超えた失業者だけでなく、失業保険に未加入の失業者、給付の条件を満たさない失業者、フリーランスにも適用され、一定の条件を満たせば給付される。

　日本では、2008年秋のリーマンショックによる雇用危機に対応する緊急雇用対策として導入された事業を改編し、2011年に、職業訓練の実施等による特定求職者の就職の支援に関する法律（求職者支援法）が制定され、求職者支援制度が導入された。同制度は、雇用保険の給付を受けられない求職者に対して生活の保障を行うのと並行して、職業訓練などの就労支援を行う制度で、失業しても生活保護にいたる前に労働市場に復帰できるよう支援を行うことを目的としている。同制度では、再就職できないまま雇用保険の給付期間が終了したり、学卒未就職者など、①公共職業安定所に求職の申し込みをしていること、②雇用保険被保険者や雇用保険受給者でないこと、③労働の意思と能力があること、④職業訓練などの支援を行う必要があると公共職業安定所長が認めたこと、の４つの要件をすべて満たす者（特定求職者）を対象に、求職者支援訓練または公共職業訓練を行うほか、訓練期間中に職業訓練受講給付金が支給される。給付金は、本人収入が月８万円以下で、かつ世帯全体の収入が月25万円以下であり、すべての訓練実施日に出席するなど一定の条件を満たす者に、月額10万円の職業訓練受講給付金と通学のための交通費としての通所手当とが支給される。財源は、労使拠出の保険料（雇用保険料）と国庫の負担で賄われる（雇用保険法68条２項・66条１項）。

16　同様の指摘に、脇田滋「非正規労働者の実態と権利実現をめざす提言」経済313号（2021年）36頁参照。

　私見では、同制度の要件を大幅に緩和したうえで、就労が決まるまで給付を行う全額公費負担による失業扶助制度に転換すべきと考える。失業扶助制度をはじめとする失業時の生活保障の拡充は、賃金の上昇と正規雇用の増大など労働条件の改善をもたらし、健全な労働市場の創出につながるはずである。

(5) 全国一律時給1500円の最低賃金の引き上げを！

　日本の労働者の賃金が、1998年以降、先進国で唯一上昇していないのは、低賃金の非正規労働者の増大によるところが大きい。派遣労働の廃止、少なくとも現在の派遣が例外的に禁止される業務のみ法律に列挙する「ネガティブリスト方式」から派遣が認められる業務のみ列挙する「ポジティブリスト方式」に戻すことのほか、雇用する企業側への規制も必要である。同時に、そうした政策と並行して、最低賃金の大幅引き上げが不可欠である。低賃金労働が蔓延し、ワーキングプアが拡大している日本社会で「健康で文化的な最低限度の生活」の不足分を社会保障の給付だけで補填しようとしても限界があるからである。

　現在の日本の最低賃金は、地域別最低賃金となっており、2021年には、労働組合を中心に、コロナ禍こそ国民生活を支えるために大幅引き上げが必要との世論が活発となり、同年7月に、中央最低賃金審議会は、最低賃金の引き上げ額（時給）について、全国28円とする目安額を提示、これを受けた各地の地方最低賃金審議会の答申額は28円ないし32円の引き上げとなり、その結果、2021年度では、人口を加味した全国加重平均で時給930円、最高額は東京都の1041円、最低額は高知県、沖縄県の820円となった。それでも、時給930円では、年収でおよそ170万円にとどまり、ワーキングプアの水準であり、とうてい足りない。

　さらに、2022年に入り、物価の高騰に賃金の上昇が追いつかず、実質賃金は、2022年8月で前年同月比1.7％減と、5か月連続でマイナスとなっている（厚生労働省「毎月勤労統計調査」）。そうした中、中央最低賃金審議会は、2022年度の最低賃金の引き上げ額について、全国加重平均31円（3.3％）引

き上げるとする目安額を提示した。2021年の28円を3円上回り、過去最大の引き上げ額とはいえ、物価の高騰には遠く及ばず、しかも最低賃金の地域格差はさらに拡大する結果をもたらしている。

　新型コロナの感染拡大と世界的な物価高騰の中、主要国では、最低賃金の引き上げが続いている。イギリスでは、2022年4月に9.5ポンドへ、フランスは同年5月に10.85ユーロに、ドイツは、同年10月に12ユーロに引き上げる動きが相次いでいる（いずれも時給）。日本円にして、およそ1500円弱から2000円（時給）になる。日本の最低賃金の水準はこれに遠く及ばず、世界的にみてもきわめて低い水準である。

　全国労働組合総連合（全労連）の「最低生計費調査」によると、25歳の単身者の場合、普通の生活ができる費用（憲法でいう「健康で文化的な最低限度の生活」に必要な費用と言い換えてもよい）を推計すると、全国どの地域でも大きな差はなく、税金・社会保険料などの公租公課の額を入れて、月額22〜24万円台くらいのところに収まるとされる。この月額22〜24万円は、月150時間労働で時給換算すると1500円〜1600円程度となる。

　また、最低賃金の地域間格差がきわめて大きく、地方における労働力不足や地方経済の衰退、さらに地方からの人口流出の大きな原因となっている。東京などの大都市では家賃などは高いかもしれないが、地方にいくと、公共交通機関が発達しておらず、自動車が必需品となるため、その維持費などがかかり、生活費にあまり大きな差がない。また、労働者は（とくに若者は）、時給の安い地方から、同じ仕事で同じ時間働いて高い時給が得られる都市部に流出する傾向にある。最低賃金の水準の高低が、当該都道府県からの労働人口流出率と相関していることは実証されており、地方経済の活性化のみならず、都市部への一極集中を防ぐ意味でも、全国一律の最低賃金制度とし、中小企業への支援を行ったうえで、その額を時給1500円に引き上げるべきである[17]。

---

[17]　同様の指摘に、中村和雄「最低賃金引き上げ、全国一律制への提案」経済322号（2022年）42-44頁参照。

第5章 生活保護・年金の法と政策の課題

　コロナ危機により、多くの人が職を失い、生活困窮の状態に陥ったが、生活困窮で最低生活を維持できない人に対し、その不足分に応じて公費により給付を行うのが生活保護である。また、高齢者の所得保障の仕組みとして年金制度がある。本章では、コロナ危機のもとでの生活困窮者、年金生活者の現状を概観したうえで、これまでの生活保護・年金政策の展開を辿り、その問題点を明らかにし、生活保護・年金政策の課題を探る。

1　生活保護の現状

(1) 貧困の拡大と生活保護世帯の増大

　貧困の拡大・深刻化により、日本の生活保護の受給者数は、1995年度を底（約60万世帯）にして、右肩上がりに増大していた。2011年には、受給者数が205万人を突破し、制度開始以来最多となった。現在の生活保護受給者（被保護実人員）数は、後述する保護基準の引き下げの影響もあり、2015年度の216万人をピークに減少傾向にあり、2022年5月で202万3336人（保護率0.8％）となっている（厚生労働省調べ。図表5-1）。保護世帯のうち稼働世帯は1割強にすぎず、大半は高齢者世帯や傷病者・障害者世帯であり、経済的自立が難しいため保護期間が長期化している。

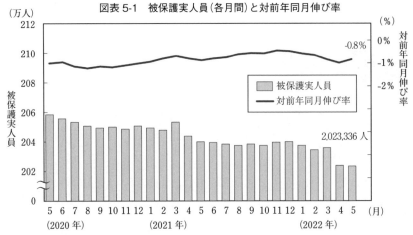

図表 5-1　被保護実人員（各月間）と対前年同月伸び率

注：1）2021年（令和3年）4月以降は概数。
　　2）2020年（令和2年）4月から2021年（令和3年）3月までの数値は、2021年（令和3年）12月分公表時に
　　　確定値に改定されている。
出所：厚生労働省「被保護者調査」（2022年5月概数）。

　生活保護が受給可能な人のうち実際に生活保護を受給している人の割合
（捕捉率）は、政府統計で3割強（厚生労働省「生活保護基準未満の低所得
世帯数の推計について」2010年4月）、研究者の推計では2割弱と、他の先
進諸国が公表している捕捉率（スウェーデンでは82％、フランス91.6％、そ
れぞれ2007年、2008年の数値。日本弁護士連合会調べ）に比べて極端に低い。
受給のスティグマ（恥の意識）が根強いこともあるが、生活保護の現場では、
いわゆる「水際作戦」という形で、申請書を渡さない、申請を取り下げさせ
るなど違法な運用が行われてきたことも一要因である。そして、こうした運
用は、コロナ危機で生活困窮者が増大している現在でも散見される[1]。

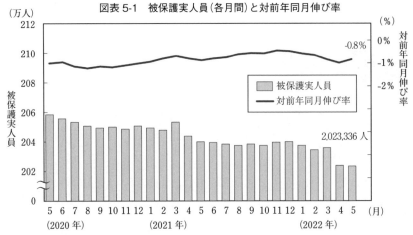

1　具体的な「水際作戦」の事例については、瀬戸大作「『死のうと思ったが死ねなかった。最後だ
　と思いメールした』─やりきれないほどの独りぼっち、路上からの悲鳴が止まらない」伊藤周平
　編著『コロナと自治体3・コロナがあばく社会保障と生活の実態』（自治体研究社、2021年）
　80-81頁参照。

(2) 生活保護バッシングの拡大とつくられた「国民感情」

　貧困や生活困窮が拡大しているにもかかわらず（だからこそかもしれない
が）、生活保護受給者に対する一般国民のまなざしは厳しい。

　2012年5月には、人気お笑いタレントの母親が生活保護を受給しているこ
とを女性週刊誌が報じ、一部の自民党国会議員が、この問題を「不正受給疑
惑」としてブログなどで取り上げ、生活保護受給者に対する異常なバッシン
グが巻き起こった。当事者であるタレントは「お詫び会見」を開き、一部の
受給額を返還することを明らかにしたが、親族に高額所得者がいる者が生活
保護を受けるのはモラルハザードと主張する自民党議員も出る始末だった。
しかし、生活保護法上、資産・能力の活用は保護開始要件だが（同4条1
項）、扶養義務者による扶養は、保護開始要件ではなく、保護に優先して行
われるもので（同条2項）、現実に扶養義務者から具体的な扶養がなされた
場合に、その範囲内で、生活保護費を減額する仕組みとなっている。そのた
め、タレントの母親の事例は不正受給には該当しないことは明らかである。
にもかかわらず、不正確な制度理解や誤解に基づく報道やインターネットに
よるバッシングが繰り返され、一部の国会議員までもが、それに同調すると
いう事態は異常というほかなかった。

　不正受給の増大という報道にしても、2020年度で、不正受給数は3万2090
件、件数ベースでは2％弱、金額ベースでは0.5％前後で推移しており（厚
生労働省の集計）、近年では減少傾向にある。稼働収入を申告しなかった例
が半数を占めるが、不正受給とされたものの中には、担当ケースワーカーの
過重負担や経験不足のために発見できなかったもの、説明不足によるもの、
さらには、たとえば、高校生のバイト代を勘違いで申告しなかったものなど、
そもそも不正受給が成立するのか疑わしいものも含まれている（生活保護法
78条の不正受給が成立するためには、積極的な不正行為を有し、「不正の意
図」が必要となる）。

　生活保護受給者には少なくない割合での不正受給者がいる、もしくは、生
活保護費をパチンコなどのギャンブルやお酒に費消しているといった、ごく

138

一部の人の行為を受給者全体に一般化するレッテル貼りが繰り返しなされた。こうしたマスコミによる一連の報道や生活保護バッシングが、生活保護受給者への偏見を助長し、もともと強かった生活保護受給のスティグマ（恥の意識）をいっそう強化したことは間違いない。これらは、つぎにみる生活保護基準の引下げや生活保護法の改正（2013年）に世論を誘導するために、当時の自民党によって意図的にしくまれたキャンペーンだと推測される。後述する名古屋地裁判決が、厚生労働大臣による保護基準決定の考慮事由とした生活保護受給者に対する「国民感情」なるものは、当時の政権により意図的に作られ、誘導されてきたものといえないだろうか。

(3) なぜ、生活保護バッシングが拡大したのか？

　生活保護受給者の中には、精神的疾患を抱えた人も多く、受給者の人口10万人あたりの自殺者数は、全国平均の2.1倍から2.4倍にのぼっており、2012年6月に行われた支援団体による「生活保護緊急ダイヤル」には、「マスコミ報道がひどくテレビがみられなくなった」「夜も眠れなくなった」「外出するのがこわい」など深刻な報道被害の声が寄せられたという[2]。他の先進諸国では、誤解や偏見に満ちたこうした度を越したマスコミ報道こそが、人権侵害として糾弾されるのに、日本で糾弾されたのは、生活保護受給者の方だった。

　なぜ、他の先進諸国では考えられないような生活保護バッシングが、日本ではこれだけ拡大したのだろうか。生活保護を受給すれば、課税もされず社会保険料負担もなく、医療扶助で医療費も無料となり、生活は格段に楽になる。しかし、生活保護を受給していない（できていない）生活困窮の人たちには、これらの負担が強いられ、生活は苦しいままとなる。つまり、生活保護受給者の周辺には、膨大な生活困窮層が存在しており、それらの人々が保護受給者に対して厳しいまなざしを向けているといえる。日本の社会保障がそれだけ貧弱であるともいえよう。かりに、それらの生活困窮者についても、

2　稲葉剛『生活保護から考える』（岩波新書、2013年）76-77頁参照。

税金や社会保険料が免除され、医療費も無料であれば（それが本来の社会保障の姿と考えるが）、生活保護受給者が「恵まれている」との感情など抱きようがないからである。

　また、社会保障の削減を進める自公政権のもとで、生活保障を求めようとする人を「怠け者」や「不正受給者」のごとく攻撃し、助けを求めさせない、声を上げさせない社会的雰囲気が作りだされている（助けを求めたら、バッシングされる！）。社会保障を公的責任による生活保障の仕組みとしてではなく、家族や地域住民の「助け合い」（共助）の仕組みと歪曲し、できるだけ国の社会保障制度に頼らず、自分や家族で何とかすべきだという自己責任、家族責任が強調されている。

（4）コロナ危機の中の生活困窮者の増大

　そして、2020年以降、新型コロナの感染拡大の影響で、雇用情勢が急激に悪化し、収入が減少し、失職する生活困窮者が激増した。少なくない生活困窮者が家賃やローンの支払いに窮し、住居喪失の危機にさらされ、実際にネットカフェで寝泊まりするなど、ホームレス化している。こうした状況にもかかわらず、生活保護の受給者は増えていない。厚生労働省の被保護者調査によれば、コロナ感染拡大前の2019年12月の被保護実人員は約207万人、2020年12月で約205万人、2021年12月で204万人と、むしろ微減傾向にある（図表 5 - 1 ）。

　新型コロナの感染拡大の当初は、後述のように、政府の対策として、特別定額給付金（ 1 人10万円）の支給や特例貸付などがなされ、それにより何とか生活が維持できた人が多かったが、特別定額給付金や貸付金は 1 回きりの支給であり（貸付金は返済が必要となる）、コロナ禍の長期化で、しだいに生活費も底をつき、それに、2022年に入ってからの物価高が追い打ちをかけ、生活困窮に陥る人が増大している。生活に行き詰った人を支える食料支援などの取り組みが東京都内各地で毎週実施されており、新宿都心の「新宿ご飯プラス」、池袋中央公園での「TENOHASHI」の食糧支援には、前述のような物価高もあり、2022年 7 月に入り、毎回500人を超える人が食料を受け取

りに並んでいる。仕事があっても収入減で苦境に陥っている人、20〜30代の若い世代、女性や子ども連れも目立っている。

　しかし、生活保護への拒否感、忌避感は依然として強く、前述した生活保護バッシングや申請窓口での水際作戦など心無い対応の経験ともあいまって、「生活保護を受けるぐらいなら死んだ方がまし」という意識を助長し、生活困窮者の命を危機にさらしている。支援団体の相談では、わずかの所持金しかないのに、自分で何とかしようとする人も多いという[3]。また、支援を必要とする人ほど、情報に乏しく、助けを求めようとせず自己責任論の呪縛にとらわれる傾向にある。それらの人々を民間の支援団体が懸命に支えているが、コロナ危機の長期化により、資金的にも物理的にも限界に達しつつある。

2　年金制度の現状

(1) 年金制度の仕組み

　生活保護受給者には、高齢者が多く、このことは、高齢期の所得保障の仕組みである年金制度が十分機能していないことを意味する。端的に言えば、年金だけでは食べていけず就労するか、生活保護を受けるしかない高齢者が多数いるのである。65歳以上の就業者数は906万人（2020年）で、全就業者の13.6%を占め、高齢者の就業率は主要国でトップクラスとなっている。

　日本の年金制度は、社会保険方式を採用しており、政府が保険者となっている（それゆえ公的年金制度ともいわれるが、以下、単に「年金制度」いう。なお、2010年1月より、日本年金機構が政府の委託を受け保険料徴収や給付などの事務を行っている）。全制度に共通する基礎年金（国民年金加入者が

3　雨宮処凛『コロナ禍、貧困の記録 2020年、この国の底が抜けた』（かもがわ出版、2021年）220-223頁参照。

図表 5-2　公的年金制度の仕組み（2 階建ての仕組み）

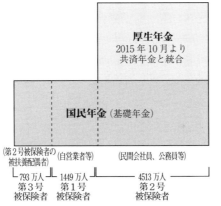

出所：厚生労働省資料より作成。人数は 2021 年 3 月末現在。

受け取る年金の総称）が 1 階建て部分となり、2 階建て部分として、所得比例の厚生年金（公務員が加入していた共済年金は2015年10月から厚生年金に統合されている）がある（図表 5 - 2）。年金給付には、老齢・障害などによる収入の中断、被保険者の死亡による遺族の生活困難に対応し、老齢・障害・遺族年金がある。

　国民年金の被保険者は、第 1 号、第 2 号、第 3 号被保険者に分けられる。第 1 号被保険者は、日本国内に住所がある20歳以上60歳未満の者で、第 2・3 号被保険者でないものをいい、定額の保険料を納付する。保険料額は、2022年度で月額 1 万6590円となっている。学生の場合も、20歳以上であれば保険料納付義務を負う第 1 号被保険者とされるが、学生本人だけの所得で保険料の納付を猶予する学生納付特例制度がある。第 2 号被保険者は、厚生年金に加入している者で、保険料は報酬比例（標準報酬に保険料率をかけた額）で、事業主などと折半し給与から天引きされて徴収される。第 3 号被保険者は、第 2 号被保険者の被扶養配偶者で20歳以上60歳未満の者をいう。被扶養配偶者とは、第 2 号被保険者の収入により生計を維持している者で、その圧倒的多数（99.7％）は女性（主婦）である。保険料は、厚生年金など被用者年金の保険者が、第 2 号・第 3 号被保険者の基礎年金に関する保険料をまとめて基礎年金拠出金として負担しているため、第 3 号本人の負担はない。

（2）年金受給者の現状─深刻化する高齢者の貧困

　厚生労働省の2018年の国民生活基礎調査によれば、収入が「年金や恩給の
み」と答えた高齢者世帯は51.8％に及ぶ。その年金受給者の現状をみると、
老齢基礎年金のみの受給者は3056万人、平均支給月額は５万5500円であり、
平均的な年金収入だけの高齢者単身世帯の場合、実質的な生活保護基準（高
齢者単身世帯で年収160万円）を下回る（2017年度。厚生労働省の年金年報
による。以下同じ）。
　また、2019年現在、全国で約77万人（65歳以上人口の約２％）の無年金者
が存在していると推計されている。2017年に、年金受給期間が25年から10年
に短縮された結果、約50万人が新たに受給資格を得て無年金者は減ったもの
の、その後、再び増加傾向にある。
　とくに、基礎年金だけの単身世帯（女性が多い）の場合、月額５万円程度
の年金水準では、資産がなければ生活保護を受けなければ生きていけない。
実際、2022年４月時点の生活保護受給世帯162万世帯のうち、65歳以上の高
齢者からなる高齢者世帯は89万5247世帯で、全体の55.0％を占め、受給高齢
者世帯の９割は単身世帯である。また、65歳以上の高齢者の貧困率は、一般
世帯に比べて10％以上高く、なかでも高齢女性単身世帯の貧困率は56.2％に
及んでいる（厚生労働省調べ）。

（3）進む国民年金・厚生年金の空洞化

　加えて、現在、国民年金保険料の未納・滞納が増大しており、いわゆる
「国民年金の空洞化」の問題が深刻化している。2020年度末（2021年３月末）
現在の国民年金の第１号被保険者数は1449万人、そのうち、保険料の全額免
除・猶予者は609万人、一部免除者数は36万人、未納者（保険料滞納から２
年以上経過した者）115万人とあわせると被保険者全体の52.4％にのぼる
（厚生労働省「厚生年金保険・国民年金事業の概要」）。しかも免除者の数は
年々増加傾向にある。

　保険料未納・滞納の増大の最大の原因は、第 1 号被保険者の変容にある。国民年金の第 1 号被保険者は、厚生年金の適用を受けないすべての人だが、国民年金制度創設時に想定されていた自営業者が大幅に減少し、近年の雇用の非正規化（非正規労働者の全労働者に占める割合は、2018年度で38.5％にのぼっている。総務省「労働力調査」）により、雇用が不安定なうえに賃金が低い非正規労働者と無職者が第 1 号被保険者全体の 3 分の 2 を占めるようになっている（厚生労働省「年金被保険者実態調査結果」による）。国民年金保険料は、前述のように、定額のため逆進性が強いため、当然、保険料未納・滞納が集中する。

　保険料未納が多くなれば、保険料収入は落ち込むが、将来、その期間に対応する年金給付が支給されないため、年金財政そのものには大きな影響はなく、空洞化がただちに年金財政の破綻に結びつくことはない。しかし、未納の増大は、将来の低年金・無年金を増大させ（免除の場合も、給付は国庫負担分だけになるので、低年金となる）、老後の所得保障制度としての年金制度を機能不全に陥らせる。高齢期には、誰もが所得の減少・喪失に見舞われるからこそ、公的年金制度が用意されているわけで、年金制度が高齢期の所得保障の役割を果たせず、資産調査を伴う生活保護制度に多くの高齢者が頼らざるをえない現状は異常であり是正されるべきである。

　空洞化問題は、厚生年金でも深刻になっている。厚生年金は、法人の全事業所と、従業員 5 人以上の個人事業所に適用が義務づけられているが、実際には、会社を設立しても厚生年金の適用を受けなかったり、いったん適用を受けた事業所が休業を偽って届出たり、制度の適用を免れる例があとを絶たない。健康保険料にくらべ厚生年金保険料の負担が重く、事業主負担が困難な中小企業などに適用逃れが目立ち、国税庁による企業の税関連情報と公私年金加入事業所の調査から、厚生年金に未加入の事業所は全国で約79万、労働者数でみると約200万人にのぼると推計されている（2016年末。厚生労働省調べ）。これらの人は、老後に厚生年金を受給できないだけでなく、国民年金保険料の未納等で低年金となる可能性が高い。国は、悪質な事業所については刑事告発する方針を示すなど、適用対策の強化を進めているが、かりに適用対策が一定の効果を挙げたとしても、今度は、事業所が保険料を滞納

したり、あるいは保険料負担に耐え切れず廃業・倒産に追い込まれる可能性もある。公費負担による厚生年金保険料の引き下げや中小企業への支援など抜本的な改革が必要である。

3　生活保護政策の展開

(1) 2013年改正による保護申請の厳格化

　ついで、これまでの生活保護政策の展開を辿る。

　前述した生活保護受給者と保護費の増大を背景に、2013年に、1950年の現行生活保護法の制定以来となる大幅な生活保護法の改正が行われた（以下「2013年改正」という）。

　2013年改正では、生活保護法24条において、保護の開始を申請する者は、厚生労働省令で定める事項を記載した申請書を保護の実施機関に提出しなければならないこと、申請書には、要保護者の保護の要否、種類、程度及び方法を決定するために必要な書類として厚生労働省令で定める書類を添付しなければならないことが規定された。ただし、当該申請書や書類を提出することができない特別の事情があるときは、この限りでないとされる。改正法のもとでも、申請行為と申請書の提出とは時間的にずれがあってもよいというのが政府の解釈で、口頭での保護の申請も現行どおり認める趣旨であり、生活保護法24条2項の必要書類の提出についても、本人によって可能な範囲であればよいと説明されている（2013年5月31日の衆議院厚生労働委員会での政府参考人の答弁による）。政府答弁どおりの運用がなされれば、口頭での申請や提出書類について現行と変わらない扱いがなされることになろうが、そうであるならば、あえて生活保護法の条文を変更する必要はなかったはずである。保護の申請は、ただし書きにいう「特別な事情」がない限り、原則として書類の提出が必要となり、厳格化されたといえる。

　これまで、保護の実施機関（福祉事務所）が、相談と称して、申請書をわたさない、申請そのものを取り下げさせるなど、違法な「水際作戦」が行われ、餓死事件や自殺事件などの悲劇があとをたたなかった。そのため、厚生労働省も事務次官通知を発出し、こうした対応は保護の申請権の侵害に該当するとし、現場に警鐘をならしてきた。しかし、コロナ禍の現在ですら、違法な「水際作戦」がなくなっていないことは前述したとおりである。

(2) 扶養照会の問題

　また、前述のように、生活保護法は、扶養義務の履行は保護の要件ではなく、扶養義務者から現実に援助が行われた場合、その限度で保護を実施しない扶養の優先原則をとる。
　現行の民法では、扶養義務に関して、①夫婦、②直系血族および兄弟姉妹、③3親等内の親族の3つの類型がある。このうち、③の3親等内の親族は、家庭裁判所の「特別の事情がある」との審判を受けて扶養義務者となった者だけが、扶養義務者とされる（民法877条）。欧米諸国では、「夫婦」と「未成熟の子に対する父母」に限って扶養義務を認めるのが一般的であることと比べれば、日本の扶養義務者の広さは特異といえる。ただし、扶養義務の内容については、夫婦間と親の未成熟児に対する扶養は、扶養義務者が要扶養者の生活を自己の生活として保持する義務（「生活保持義務」）であるのに対して、その他の親族の扶養は、扶養義務者に余力のある限りで（自己の地位と生活とを犠牲にすることがない程度に）援助する義務（「生活扶助義務」）として区分する二分説がとられている。
　実務では、保護の実施機関（福祉事務所）が、保護の申請者からの申告を基本に、必要に応じて戸籍謄本等によって、扶養義務者の存否を確認し、確定した扶養義務者について、申請者などからの聞き取り等の方法により扶養の可能性の調査を行う。調査の結果、扶養義務者に扶養義務の履行が期待できる場合は、申請者への援助が可能かどうかを直接問い合わせる。これが「扶養照会」といわれる。その際、前述の二分説に基づき、生活保持義務を負う扶養義務者については、社会常識および実効性の観点から重点的に調査

されるが、それ以外の扶養義務者については、必要最小限度の調査でよいとされている[4]。

とはいえ、要保護者の親族も困窮していたり、親族間の関係が破綻しているような場合が多く、とくに後者の場合の扶養照会は、深刻な問題をもたらす。たとえば、夫の家庭内暴力（DV）から逃れてきた女性が生活保護を申請してきた場合に、加害者である夫に扶養照会を行うことは、妻の居場所を知らせることになり、夫のストーカー的追跡による生命の危機をもたらす可能性がある。現実にそうした事例があり、厚生労働省は、加害者である扶養義務者への直接的な扶養照会を行わず、関係機関等への照会にとどめるように通知を出している。しかし、扶養義務の履行を保護の要件であるかのように説明し、保護の申請を断念させることが、しばしば行われており、厚生労働省も、こうした対応は申請権の侵害に当たるおそれがあるとの通知を発出しているが、なかなか改善には至っていない。

(3) 断行された保護基準の引き下げとその問題点

一方で、生活保護法の改正と並行して、生活保護基準（以下「保護基準」という）についても、連続して引き下げが断行された。

2012年の衆議院総選挙で、自民党は「生活保護給付水準の1割カット」を公約に掲げて政権に復帰した。これを受け、2013年8月から、生活扶助費を3年かけて段階的に引き下げ、総額670億円（平均約6.5%）減額する改定が断行された。過去最大の減額であり、現在、この引き下げが違憲・違法であるとして、保護費減額処分の取消訴訟（「いのちのとりで裁判」）が全国29地方裁判所に提訴されており、原告も1000人を超えている（2022年4月現在）。

さらに、2018年10月から3年かけて、保護基準を平均1.8%、最大5%引き下げて、総額210億円（国費分160億円）の生活保護費の削減が実施された。なかでも、高齢者への影響は深刻で、70歳以上の生活保護受給者に支給されていた老齢加算の廃止から続く生活扶助費の減額で、東京23区など1級地1

---

4 『生活保護手帳別冊問答集・2022年度版』（中央法規、2022年）143-144頁参照。

図表 5-3　生活扶助費の引き下げの推移

平均 1.8％・最大 5％　基準引き下げ【年 160 億円削減】⇒2018 年 10 月〜3 年間で段階実施。
7 割の世帯で減額、都市部の夫婦子 2 人・高齢単身世帯等で約 5％の減額！

前例のない大幅引き下げ含め 2004 年から相次ぐ減額に耐えがたい追い打ち

生活扶助費の推移 （1 級地 1、各種加算あり）	2004 年	2012 年	2015 年	2020 年 今回の引き下げ終了後	減額金額	減額割合
夫婦子 2 世帯 （40 代夫婦、小中学生）		220,050 円	205,270 円	196,010 円	24,040 円	-10.9％
母子世帯 （40 代母、小中学生）		212,720 円	199,840 円	190,490 円	22,230 円	-10.5％
高齢単身世帯 （75 歳）	93,850 円	75,770 円	74,630 円	70,900 円	22,950 円	-24.5％

2004 年老齢加算廃止（年 337 億）

2013 年生活扶助平均 6・最大 10％引き下げ（年 670 億）

2013 年期末一時扶助引き下げ（年 70 億）

2015 年住宅扶助引き下げ（年 190 億）

2015 年冬季加算引き下げ（年 30 億）

出所：日本弁護士連合会ホームページより。

在住の 75 歳の高齢単身世帯の生活扶助費は、2004 年度の月額 9 万 3850 円が、2020 年度には月額 7 万 900 円と 2 割以上も減少する結果となっている（図表 5 - 3）。

　保護基準の引き下げは、個別の受給者に対する影響にとどまらず、他制度に影響が及ぶ。まず、現在の地域別の最低賃金は「生活保護に係る施策との整合性に配慮」して決めることが最低賃金法に明文化されている（2 条）。そのため、保護基準が引き下げられると、最低賃金の引き上げが抑制もしくは引き下げられる可能性がある。最低賃金のほかにも、保護基準は、社会保障制度や関連制度の中で転用されている。たとえば、国民年金保険料の免除（法定免除）、保育料、児童福祉施設一部負担金の免除などは、生活保護受給と連動しており、保護基準の引下げにより生活保護が受給ができなくなれば、これらの免除も受けられなくなる。また、国民健康保険料の減免、同一部負担金の減免基準、介護保険利用料の減額基準、就学援助対象の選定基準などは、保護基準額のおおむね 1.0〜1.5 倍以下（就学援助の場合）などの所得者

（準要保護者。生活保護が必要な要保護者に準じる生活状態にある人の意味）とされており、保護基準が下がれば、保険料の減免が受けられなくなる人がでてくる。とくに就学援助は、現在、利用児童が過去最高の157万人にのぼり、打ち切られた場合の影響は甚大である。保護基準は、住民税課税基準の設定にも連動しており、住民税の課税基準が下がった場合、住民税が課税されていない人（約3100万人）が新たに課税されたうえに、税制転用方式が採用されている各種費用負担（保育料や障害者福祉サービスの利用料など）も増大する。

　こうした影響の甚大さのゆえに、現在までのところ、最低賃金の抑制・引き下げはなされず、住民税の非課税基準も据え置きとなっている。しかし、就学援助については、準要保護者（生活保護を必要とする要保護者に準じる生活状態にある人。約141万人）に対する国庫負担金は廃止され、全額が自治体負担となっているため、少なからぬ自治体では、就学援助の対象者を縮小する動きが出てきており、自治体調査では、全国20の政令市と東京23区のうち2割を超える自治体で、就学援助を受給できる対象者が狭められている。

(4) 保護基準引き下げ違憲訴訟をめぐる動向

　前述の「いのちのとりで裁判」で、全国初の判決となった名古屋地裁判決（2020年6月25日賃社1767号17頁）は、保護基準の決定にいたる手続が法定されていないことを理由に、社会保障審議会基準部会（以下「基準部会」という）などで専門家の検討を経ていなくても問題ないとし、保護基準の引き下げが、当時の自民党の政策の影響を受けていた可能性を認めたうえで、「自民党の政策は、国民感情や国の財政事情を踏まえたものであって、厚生労働大臣が、生活扶助基準を改定するに当たり、これらの事情を考慮することができる」として、原告の請求を棄却した。「国民感情」というあいまいな指標を保護基準の決定の考慮事由にすること自体に大きな問題があるうえ、特定政党の政策までを考慮事由にすることは、時の政権による政策を無批判に追認することを意味し、司法の役割を放棄するに等しい。老齢加算の廃止に関する最高裁判決（2012年2月28日民集66巻3号1240頁）は、少なくとも、

「統計等の客観的数値等との合理的関連性や専門的知見との整合性」がなければ、裁量権の濫用に該当するという基準を定立していたが、そうしたこれまでの裁量統制の積み重ねを大きく後退させ、生活保護法と憲法の趣旨に反する判決というほかない。

　これに対して、同じ訴訟についての大阪地裁判決（2021年2月22日賃社1778号22頁）は、厚生労働省が保護基準の引き下げの根拠にした生活扶助相当CPI（生活保護受給者の消費者物価指数）が「統計等の客観的な数値等との合理的関連性や専門的知見との整合性を欠いており、（略）判断の過程及び手続に過誤、欠落があり、裁量権の範囲の逸脱又はその乱用」があり、違法であるとして引き下げによる減額処分を取り消した。さらに、熊本地裁判決（2022年5月25日）は、消費者物価指数の「デフレ調整」などの厚生労働大臣の判断過程や手続に「過誤欠落」があると指摘し、東京地裁判決（2022年6月24日）も、統計等の客観的な数値等との合理的関連性や専門的知見等との整合性を欠いていることに加え、「本件改定の結果として及ぼされる影響は重大である」として、いずれも厚生労働大臣の裁量権の逸脱・濫用を認め、違法を認定した[5]。さらに、横浜地裁判決（2022年10月19日）も、同様に、減額処分を違法とし取り消した。

　地裁レベルとはいえ、原告勝訴の判決が続いた背景には、裁判を支える粘り強い支援運動とともに、コロナ禍による生活困窮者の増大、さらには物価高騰による生活困窮者への深刻な影響といった状況の変化があったと考えられる。誰もが生活困窮に陥る可能性があり、その際に利用できる制度として生活保護があるという意識が広まってきている。「国民感情」も変化しているといえるだろう。

(5) 2018年の生活保護法改正

　2018年には、保護基準の引き下げとともに、さらなる生活保護法の改正が

5　3地裁判決について詳しくは、伊藤周平「生活保護基準の改定と裁量審査」賃金と社会保障1813号（2022年）12-16頁参照。

行われた。主な内容は、①生活保護世帯の子どもが大学等に進学した際に、進学準備給付金を一時金として支給（自宅通学で10万円、自宅外通学で30万円）、②医療扶助における後発（ジェネリック）医薬品の使用を原則化、③資力がある場合の返還金の保護費との調整、④無料低額宿泊所の規制強化などである。

このうち、①では、大学進学後も中も引き続き、出身の生活保護世帯と同居して通学している場合には、住宅扶助を減額しない措置もとられる。とはいえ、生活保護世帯からの大学等就学の場合には、転出または世帯分離（＝本人の保護廃止）することが原則とされ続けている。そのため、就学者の生活費に対する最低生活保障は停止され、就学に伴う就学費用（授業料、教材費等）に対する給付もない。ただし、後者については、2020年に施行された大学等修学支援制度により、授業料の減免がなされ、給付型奨学金の支給がなされている。高校等の就学については、高校進学率が80％を超えた1970年以降、世帯内就学（生活保護を利用しながらの就学）が原則とされ、就学に必要な費用（学用品費、教材代、通学費等）についても、生活保護世帯における学資保険の保有を認めた中嶋訴訟の最高裁判決（2004年3月16日民集58巻3号647頁）[6]を契機に創設された高等学校等就学費（生業扶助のひとつ）による給付がなされている。高校生のいる全世帯の大学進学率が80％を超えた現在、高校就学と同様、大学への世帯内就学も認めるべきであろう[7]。

②は、医師などが医学的知見から問題ないと判断するものについては、後発医薬品で行うことを原則化するものだが、生活保護受給者本人の意思による先発品の選択を認めず、医療の平等原則の観点から問題がある。今後、医薬品以外の治療行為についても、生活保護受給者の差別的取り扱いが拡大される可能性があり、注視が必要である。

また、③は、生活保護費から過払の生活保護費の返還金を強制的に天引きするもので、事実上、生活保護費の手取り額が最低生活費を下回ってしまう

6 同判決について詳しくは、藤沢宏樹「中嶋訴訟」矢嶋里絵ほか『社会保障裁判研究―現場主義・創造的法学による人権保障』（ミネルヴァ書房、2021年）305-317頁参照。
7 同様の指摘に、三宅雄大「大学等就学と最低生活保障／自立助長―未来時制に浸食される現在」現代思想50巻4号（2022年）92頁参照。

ことになり、最低生活保障の趣旨に反する。④も、規制強化とあわせて単独
での居住が困難な人への日常生活支援を無料低額宿泊所で実施することとさ
れており、無料低額宿泊所を実質的に生活保護の受け皿に転換しようとする
ものであり、問題がある。

4　年金政策の展開

(1) 2004年改正とマクロ経済スライドの導入

　年金政策については、年金制度の持続可能性の維持をかかげ、2004年に、
国民年金法等の大改正が行われた（以下「2004年改正」という）。

　2004年改正の主な内容は、厚生年金と国民年金の保険料を段階的に引き上
げ、2017年度以降は一定水準（厚生年金の保険料率18.3％、国民年金の保険
料は1万6900円。2004年度価格）で固定する方式（保険料水準固定方式）を
導入し、保険料と国庫負担財源の範囲内で給付を行うため、既裁定年金（裁
定がなされ、すでに支給が行われている年金）の給付水準をマクロ経済スラ
イドの手法を使って調整する点にある。また、年金給付費1年程度の年金積
立金（以下「積立金」という）を保有し、2100年度まで100年程度をかけて
積立金を取り崩すこととされ、それまでの間（財政均衡期間）、少なくとも
5年ごとに、年金財政の現況と見通しを作成・公表することとされた。これ
を財政検証という。

　マクロ経済スライドの調整率は、平均余命の延び率0.3％（2004年の財政
再計算の見込みで、この率で固定）と公的年金被保険者総数の減少率0.6％
（同財政再計算の見込みで、その後の実績によって変化）を加えたものであ
る。ただし、物価・賃金の上昇が小さい場合には、調整は名目額を下限とし、
賃金・物価が下落する場合には、マクロ経済スライドは行われない（「名目
下限措置」という）。マクロ経済スライドによる給付額の調整は、財政検証

によって、長期的な負担と給付の均衡が保てると見込まれる状況になるまで続けられるが、少子高齢化が予想を超えて進んだり、経済が不振で賃金の伸びが低下した場合には、調整期間は延びる。そこで、先の5年ごとの財政検証によって、次回の検証までに所得代替率が50％を下回ることが見込まれる結果が出た場合には、負担と給付のあり方について再検討し、所要の措置を講ずることになっている（附則2条）。

(2) 社会保障・税一体改革としての年金制度改革

　2004年改正は、政府の言葉では「100年安心」の制度改革であったが、その後、経済成長が長期にわたり低迷し、物価も上昇せず、いわゆるデフレ経済のもとでマクロ経済スライドによる調整ができない状態が続いた。そのため、消費税増税分を財源とした年金制度改革が、社会保障・税一体改革の一環として進められた。

　すなわち、2012年8月には、当時の民主党政権のもとで、社会保障・税一体改革関連法として、年金最低保障機能強化法（正式名は「公的年金制度の財政基盤及び最低保障機能の強化等のための国民年金法等の一部を改正する法律」。以下同じ）、厚生年金と公務員の共済年金を統合する被用者年金一元化法（「被用者年金制度の一元化等を図るための厚生年金保険法等の一部を改正する法律」）が成立、同年11月には、改正国民年金法（「国民年金法等の一部を改正する法律等の一部を改正する法律。以下「2012年改正法」という）と年金生活者支援給付金法（「年金生活者支援給付金の支給に関する法律」）が成立した。

　年金機能強化法では、①産前産後休業期間中の厚生年金保険料の免除、②遺族基礎年金の父子家庭への拡大、③短時間労働者への社会保険（厚生年金・健康保険）の適用拡大などが行われた。このうち、③では、従業員数が500人を超す企業で働く労働時間が週20時間以上、月収8万8000円以上（月額賃金の範囲および厚生年金の標準報酬月額の下限を8万8000円に改定）の短時間労働者を対象とし、2016年10月から約38万人に適用拡大された。

　また、年金生活者支援給付金法は、消費税増税による増収分を活用し、低

年金の高齢者・障害者（住民税が家族全員非課税で、前年の年金収入とその他所得の合計額が老齢基礎年金満額以下である人）に対して、保険料納付済み期間に応じて月額5000円（障害等級１級の場合には6250円）と、免除期間に応じて老齢基礎年金満額の６分の１を支給するもので、2019年10月から実施され、500万人程度が対象となっている。ただし、あくまで保険料納付済期間や免除期間とリンクさせた給付であり（未納の場合は対象とはならない）、給付額は少額にとどまっている。

　一方、2012年改正法は、いわゆる特例水準の解消を図る立法である。具体的には、物価の下落がみられた2000年度から2003年度にかけて、特例法により、マイナスの物価スライドを行わず、年金額を据え置き、その後も物価の下落が続いたことなどにより、法律が本来想定している水準（本来水準）よりも、2.5％高い水準（これが「特例水準」といわれる）の年金額が支給されていること、特例水準の存在により、本来の給付水準に比べて毎年約１兆円の給付増となっており、過去の累計で約７兆円（基礎年金・厚生年金給付費の合計）の年金の過剰な給付があったと指摘されていることから、この特例水準について、2013年度から2015年度の３年間かけて解消が行われた（13年10月１％、14年４月１％、15年４月0.5％をそれぞれ引き下げ）。同時に、年金と同じスライド措置が取られてきた、ひとり親家庭への手当（児童扶養手当）や障害者等への手当の特例水準（1.7％）についても、同じ３年間で解消するとされ（13年10月0.7％、14年４月0.7％、15年４月0.3％をそれぞれ引き下げ）、これも実施された。

(3)　持続可能性向上法と給付抑制の徹底

　そして、2016年12月には、持続可能性向上法（「公的年金制度の持続可能性の向上を図るための国民年金法等の一部を改正する法律」）が成立した。持続可能性向上法の主な内容は、①従業員が500人以下の企業も、労使の合意に基づき、企業単位で短時間労働者への被用者保険の適用拡大を可能すること（2018年10月施行）、②国民年金の第１号被保険者の産前産後期間の保険料を免除し、免除期間は満額の基礎年金を保障することとし、この財源と

して、国民年金の保険料を月額100円程度値上げすること（2019年4月施行）、③年金額の改定ルールの見直し、④年金積立金管理運用独立行政法人（GPIF）の組織等の見直しとなっている。

このうち、③については、2018年4月より、マクロ経済スライドに「キャリーオーバー」と呼ばれる制度が導入された。これは名目下限措置により、マクロ経済スライドが行われない分を翌年度以降に持ち越し、名目下限措置を維持しつつも、その持ち越し分を含めてマクロ経済スライドを行うというものである。同時に、2021年4月より、労働者の賃金変動率がマイナスとなった場合には、物価変動率がプラスや賃金より小幅なマイナスとなった場合でも、低い方にあわせて年金額が引き下げられる仕組みが導入された（賃金マイナススライド）。

なお、2016年11月には、前述の年金最低保障機能強化法の改正法が成立し、老齢年金等の受給資格期間が25年から10年に短縮された（2017年8月から実施）。これにより、約40万人が老齢基礎年金の受給権を得ている（特別支給の厚生年金対象者等を含めると、約64万人）。しかし、10年ぎりぎりの加入期間では、基礎年金のみであれば、受給額は月額1万6000円程度にとどまり、無年金者は減少するものの、低年金の高齢者が増大する。

（4）2019年財政検証と継続される給付抑制の年金政策

2019年8月には、厚生労働省から5年に1度の「財政検証結果」が公表された（以下「2019年財政検証」という）。2019年財政検証では、経済成長率、物価・賃金上昇率などをもとに、ケースⅠからケースⅥまで6つの将来推計が示されている（図表5-4）。

2019年財政検証で明らかになったのは、いずれのケースでも所得代替率50％が維持されるのは、新規の裁定時（65歳で年金を受給しはじめる時）だけで、受給開始後は年齢を重ねるごとに所得代替率が低下していくことであり、また、想定されている全ケースで、マクロ経済スライドの調整を続けていくと、基礎年金の低下率（目減り）が3割から4割と著しいことである。

基礎年金（国民年金）だけの受給者は、40年加入した場合の満額受給額が

図表 5-4　マクロ経済スライド調整後の所得代替率の見通し

所得代替率	経済前提		実質成長率(2029 年度以降 20〜30 年)	給付水準調整終了後の標準的な厚生年金の所得代替率	給付水準調整終了年度	前回検証(2014 年)
	ケース	経済成長				
高	ケースⅠ	経済成長と労働参加が進むケース(内閣府試算の成長実現ケースに接続)	0.9%	51.9%	2046 年度	ケース A〜E 51.0〜50.6%
	ケースⅡ		0.6%	51.6%	2046 年度	
	ケースⅢ		0.4%	50.8%	2047 年度	
	ケースⅣ	経済成長と労働参加が一定程度進むケース(内閣府試算のベースラインケースに接続)	0.2%	(50.0%)(注 1) 46.5%	(2044 年度)(2053 年度)	ケース F〜G (注 1) 45.7〜42.0%
	ケースⅤ		0.0%	(50.0%)(注 1) 44.5%	(2043 年度)(2058 年度)	
低	ケースⅥ	経済成長と労働参加が進まないケース(内閣府試算のベースラインケースに接続)	▲0.5%	(50.0%)(注 2) 38〜36%	(2043 年度)	ケース H (完全賦課方式) 37〜35%

所得代替率とは公的年金の給付水準を示す指標。現役男子の平均手取り収入額に対する年金額の比率で表す。
2019 年度の夫婦 2 人の所得代替率は 61.7%(〔夫婦 2 人の基礎年金 13 万円＋夫の厚生年金 9 万円〕／現役男子の平均手取り収入額 35.7 万円)。
注 1：機械的に給付水準調整を進めた場合
注 2：機械的に給付水準調整を進めると 2052 年度に国民年金の積立金がなくなり完全賦課方式に移行。その後、保険料と国庫負担で賄うことができる給付水準は、所得代替率 38%〜36%程度。
出所：厚生労働省社会保障審議会年金部会「2019 年財政検証結果のポイント」より作成。

月およそ 6 万 5000 円にすぎず(2022年度)、現実には、加入期間が短かったり、保険料免除などで満額を受け取れない人が多数いる。それらの低年金の人の給付水準が、受給開始時点から 4 割も削減されてしまうとなれば(ケースⅤで、現在価格におきかえると、満期支給は月 6 万 5000 円が月 4 万 5000 円に。夫婦で月13万円が 9 万円になる)、老後の所得保障制度としての基礎年金の最低生活保障の機能は完全に崩壊する。厚生年金加入者でも、現役時代の給与が低いほど、標準報酬月額が低く、将来の報酬比例部分の給付額が少なくなるため、給付受給額に占める基礎年金部分の割合が高くなり、年金給付水準の低下が大きくなる。低年金の人、不安定・低賃金雇用だった人ほど給付削減が大きい逆進的な給付削減といってよい。少なくとも、基礎年金についてはマクロ経済スライドを適用しないという政策的配慮が必要ではなか

156

ったかと考える[8]。

　2019年財政検証の結果などを踏まえ、2020年に、年金制度機能強化法（年金制度の機能強化のための国民年金法等の一部を改正する法律）が成立した。年金制度機能強化法は、短時間労働者の厚生年金等の適用拡大を段階的に行うもので、2022年10月から、適用対象事業所の企業規模要件が101人以上に引き上げられた。さらに、2024年10月には51人以上に段階的に引き上げられる（最終的に、新たに65万人が厚生年金に加入）。とはいえ、これにより適用対象となる短時間労働者には新たに保険料負担が生じ、手取りが15％程度減少すると推計されている。将来の年金は増えるが、現在の生活は苦しくなる。企業の側も労働者の保険料の半分が事業主負担となり、中小企業では経営に響く。そもそも、現在の非正規雇用の増大は、企業が事業主負担を回避するため、社会保険に加入しなくていい非正規の労働者の雇用を増やしてきたことにも一因がある。本来は、企業規模要件を撤廃し、短時間労働者すべてに厚生年金等を適用拡大すべきなのだが、短時間労働者を多く抱える外食産業や流通産業からの反発で、2016年の改正で企業規模要件が設けられた経緯がある。中小企業については財政的な支援により、事業主負担分を軽減するなどの施策が必要である。

　一方で、前述の賃金マイナススライドにより、2022年4月から、高齢者への公的年金の支給額が0.4％引き下げられた。指標となる2021年の物価変動率はマイナス0.2％、賃金変動率はマイナス0.4％で、マイナス幅が大きい賃金変動率にあわせて減額されたのである。厚生労働省が示す標準的な例では、国民年金で年3108円、厚生年金（夫婦2人分）で年1万836円の減額となる。児童扶養手当についても同様のスライドで減額が行われた。

　現在、就業している65歳以上の高齢者は76.3％が非正規雇用で低収入となっており（総務省「労働力調査」2021年）、労災の発生率も他の年齢に比べて高くなっている。そして、コロナ危機の中、多くの高齢者が解雇や雇止めにあい、就労による収入がなくなるか激減している。加えて、序章でみたように、ウクライナ危機に歴史的な円安加わり、日常生活に不可欠な食料品や

8　2019年財政検証について詳しくは、伊藤・消費税 139-146頁参照。

電気・ガス料金などが高騰している。そうした中での年金や児童扶養手当の引き下げは、母子世帯や年金生活者の生活を直撃している。

　マクロ経済スライドなどによる年金引き下げを含め、2013年から2022年にかけての10年間で、物価は5.6％上がったのに、年金は1.1％もマイナスとなり、6.7％も目減りしている。コロナ危機や物価高騰を経ても、年金給付の「削減ありき」の給付抑制策は継続されているのである。

5　コロナ危機による生活困窮への政府の対応と限界

(1) 生活保護の運用の緩和と扶養照会の見直し

　コロナ危機による生活困窮者の増大への対応として、厚生労働省は一連の通知を出し、生活保護の適用要件の緩和を現場に求めた。この間、日本弁護士連合会（日弁連）も、生活保護制度の運用緩和を求める会長声明を出し（2020年5月7日）、感染拡大が収束するまでの特例措置として、収入基準の審査のみで保護の要否認定を行うことを提言している。

　その後も、緊急事態宣言・まん延防止等重点措置の発出・解除が繰り返されたのに伴い、厚生労働省は、いずれも事務連絡の形で、生活保護の要否判定の弾力的運用を現場に求めている。2020年12月には、厚生労働省のホームページ上で「生活保護の申請は国民の権利です」との呼びかけ、一部の自治体でも「申請は権利」であると強調した制度の案内をはじめた。しかし、必要な人に正確な情報が十分いきわたっているとはいいがたく、また、現場の「水際作戦」が完全に払拭されているとはいいがたい状況にある。

　一方、一般社団法人つくろい東京ファンドが、生活困窮者向け相談会の際に行った生活保護利用に関するアンケート調査の結果によれば、生活保護を利用していない理由で、最も多い回答は「家族に知られるのが嫌だから」（34.4％）であり、生活保護の申請や利用に際して、扶養照会の存在が最大

のネックになっていることが明らかになっている。

　2021年2月には、「『生活保護法による保護の実施要領の取り扱いについて』の一部改正について」（2021年2月26日・厚生労働省社会・援護局保護課長）と事務連絡（「扶養義務履行が期待できない者の判断基準の留意点等について」2021年2月26日・厚生労働省社会・援護局保護課長）が発出され、扶養照会を不要とするケースとして、保護の申請者が①当該扶養義務者に借金を重ねている、②当該扶養義務者と相続をめぐり対立している、③当該扶養義務者から縁をきられている等の「著しい関係不良の場合」を例示し、「著しい関係不良」とみなされ照会不要とする音信不通の期間を、従来の20年間から10年程度に改めた。また、「夫の暴力から逃れてきた母子、虐待等の経緯がある者等の当該扶養義務者に対し扶養を求めることにより明らかに要保護者の自立を阻害することになると認められる者」については、扶養照会を控えることが確認的に明文化された。

　とはいえ、これらの通知は難解な文言が多く、小手先の修正にとどまり、扶養照会が原因で生活保護の申請・利用をためらう状況の根本的な解決にはつながっていない。一般社団法人つくろい東京ファンドと生活保護問題対策全国会議も、同様の指摘をしており、扶養照会を行うのは、申請者が事前に承諾した場合に限定することを明確に通知として発出することを求めている（一般社団法人つくろい東京ファンド・生活保護問題対策全国会議「生活保護の扶養照会に関する厚生労働省通知に関する緊急声明」2021年2月28日）。

　また、2021年の扶養照会に関する通知改正も、自治体に徹底されておらず、市民に十分周知されているとはいいがたい。同改正についての市民への周知状況を調べた調査では、「扶養照会は扶養義務の履行が期待できると判断される者に対して行うこと」という内容を盛り込んだ生活保護のしおりを作成している自治体は、首都圏1都3県全体で3.8%にとどまっている。

(2) ひとり親世帯・低所得世帯への臨時特別給付金

　2020年の第2次補正予算により、2020年4月から5月にかけて、すべての世帯を対象に特別定額給付金として一人当たり一律10万円の支給が行われ、

児童扶養手当の受給世帯、低所得のひとり親世帯へも臨時特別給付金が支給された。同給付金の給付額は、児童扶養手当の支給を受けている世帯に月額5万円（第2子以降ひとりにつき3万円の加算あり）、新型コロナの影響を受け家計が急変し収入が大きく減少している世帯には、申請により追加給付として5万円であった。前者の支給は申請不要で、支給される児童扶養手当に5万円が上乗せされた。当初は、2020年6月分1回のみであったが、その後も、東京都をはじめ緊急事態宣言などが繰り返され、経済状況の悪化が続いたため、2020年12月にも追加支給され、ひとり親世帯のみでなく住民税非課税世帯にも対象を拡大して、3度目の臨時特別給付金が支給された。

　さらに、2021年の補正予算で、2021年12月から2022年3月にかけて、18歳未満の子どものいる世帯へ10万円が給付（5万円分がクーポン券の場合もあり）された。同時に、①住民税非課税世帯、②生活保護受給世帯（支給分は収入認定されない扱い）、③家計急変世帯（2021年1月以降の収入が減少し、住民税非課税相当の収入となった世帯。申請が必要）に対しても、1世帯10万円の臨時特別給付金が支給された。

　しかし、これらはいずれも一時的な給付金に過ぎず、児童扶養手当については、特例水準の解消や賃金スライドで引き下げられた分の水準も回復しておらず、恒久的な支給額の引き上げが必要である。また、児童扶養手当（にかぎらず児童手当も）は、所得制限が前年度の所得を基準として行われるため、新型コロナの影響で急激に収入が減少したにもかかわらず、前年度の所得が高かったために、児童扶養手当が支給停止となり受給できない世帯も出ている。事務負担の軽減からも、児童手当の所得制限は撤廃すべきと考える。

（3）住居確保給付金の適用拡大

　2013年に、生活保護法の改正とともに、生活困窮者自立支援法が制定され（2015年施行）、同法に基づき、失職した者などに生活困窮者住居確保給付金（以下「住民確保給付金」という）を支給する事業が創設された（6条）。住居確保給付金の支給事業は、自治体の必須事業とされている。

　そして、コロナ危機の中、従来は、離職・廃業後2年以内である場合に限

定されていた住居確保給付金の支給対象が、フリーランスを含めて、新型コロナの影響により休業等に伴って収入が大幅に減少した人にも拡大された。

　低所得者への家賃（住宅）補助の仕組みは、日本では、これまで生活保護の住宅扶助しかなかったが、生活保護受給者以外の生活困窮者に対しても住居確保給付金として家賃補助の仕組みが制度化され、しかも新型コロナの影響を受けた人にまで拡大された意義は大きい。しかし、家賃補助の上限となる生活保護の住宅扶助額が実態にあっておらず、住宅扶助額とともに給付金そのものの引き上げが必要である。

（4）特例貸付（緊急小口資金・総合支援資金）

　生活困窮者の生活資金の確保については、各都道府県の社会福祉協議会が実施している生活福祉資金貸付制度の緊急小口資金等に、新型コロナウイルス感染症特例貸付（以下「特例貸付」という）が設けられ、支給対象範囲が拡大され、貸付上限額も引き上げられた。

　緊急小口資金は、緊急かつ一時的に生計の維持が困難となった場合に、少額の資金（10万円以内）を貸し付ける制度であるが、特例貸付では、制度運用を緩和して、対象を住民税非課税の低所得世帯以外にも拡大し、貸付上限額も20万円に引き上げられた。さらに、生活福祉資金貸付制度の中にある総合支援資金を最大180万円まで借りることができる特例措置も設けられた（合計で最大200万円）。その後、特例貸付の期間延長が繰り返され、申請受付は2022年6月末、据え置き期間は2022年12月末までとされた。

　特例貸付の貸付状況をみると、貸付がはじまった2020年3月から2022年2月12日時点までで、貸付決定件数（両資金合計。以下同じ）は357万件、貸付決定金額累計は1兆3507億円を超え、単年度の貸付（全貸付種別の合計）における過去最大の貸付件数（2011年度）の約30倍に、過去最大の貸付総額（2010年度）の約30倍にのぼった。

　しかし、無利子・無担保とはいえ、これらは返済の必要のある貸付金である。住民税非課税世帯（全体の35％）は償還免除となるが、償還免除とならない世帯も収入が不安定な場合が多く、2023年1月以降、最大200万円借り

た場合、月に 2 万3330円の返済が重くのしかかる。しかも、特例貸付の総合支援資金の償還期間は10年にも及ぶため、返済が滞り生活基盤が損なわれる人が出る可能性が高い。現場では、生活保護が妥当であるが資産要件で保護に至る見込みがない世帯、コロナ禍で失業や減収が長期化し、生活再建の見通しが立たない世帯など、本来、貸付が適切でない人が同制度を利用しているケースが多いことが指摘されており[9]、償還免除（事後的な給付化）の範囲を広げる、償還時の相談体制の充実（生活保護申請の案内など）といった対応が求められる。

　また、特例貸付の急増は、実務を担う社会福祉協議会の現場にも大きな混乱をもたらしている。制度自体が次々に拡充と延長を繰り返したため、社会福祉協議会でも長期的な人員増の計画が立てられず、業務負担の増大と人員不足などで職員の労働条件は急速に悪化している。早急に、地方自治体からの人員増のための補助金など財政支援が必要である。

　2021年 7 月からは、単身世帯月額 6 万円、 2 人世帯月額 8 万円、 3 人以上世帯月額10万円を 3 か月間支給する新型コロナウイルス感染症生活困窮者自立支援金が創設された。しかし、給付期間が短く、対象者も特例貸付を利用しつくした世帯に限定されるなど要件が厳しすぎるため、利用は伸び悩んでいる。

6　生活保護・年金政策の課題

(1) 扶養照会の撤廃

　保護基準の引き下げと生活保護制度改革により、生活保護が最低生活保障の機能を果しえなくなりつつある一方で、コロナ禍の長期化により生活困窮

9　角崎洋平「困窮者への貸付支援の現実と改革課題」住民と自治702号（2021年）27頁。

が深刻化している現状を踏まえれば、生活保護については、運用の改善のほか法改正を含めた改善が課題となる。

　まず、生活保護の申請・利用の最大のハードルとなっている扶養照会の撤廃が求められる。そもそも、扶養義務者による扶養は、前述のように、保護の要否判定にかかわる要件ではないのに、申請から保護決定に至る過程で、扶養義務者による扶養を確かめるための扶養照会が行われるのはなぜか。この点について、行政解釈は、扶養義務者に扶養能力があり、かつ扶養する意思があることが明らかであるときは、保護の申請者の扶養請求権の行使によって扶養（金銭援助）が、生活保護法4条1項にいう「利用しうる資産」になりえることから、申請者による扶養請求権の行使が同項の保護の要件となるためとしている[10]。つまり、申請者による保護請求権の行使の有無が保護の要件に該当するかどうかを福祉事務所が判定するために、扶養照会が必要というわけである。しかし、扶養請求権の行使は、扶養を求める側の権利であり、その権利を行使し扶養を求めるか否かは、当人の意思に基づいて自由に決められるべきものである。だとすれば、少なくとも、扶養照会は、保護の申請者の了解がある場合に限定すべきであろう。

　厚生労働省が、2017年8月に実施した2016年7月の保護開始世帯に関する調査の結果によると、年換算で、およそ46万件にも及ぶ保護申請時の扶養照会に対して金銭的な扶養（仕送り）が可能という回答があった割合は、わずか1.45％にとどまる。この中には、可能と回答したが、実際には仕送りしなかったものも含まれるとすれば、扶養照会によって現実に仕送り等がなされた事例は、ほとんどないといってよい。人員不足で忙しい福祉事務所の現場において、扶養照会のために戸籍や住民票を調査して、ほとんど効果が認められない照会文書を何回も発送する作業は、コストパフォーマンスが低すぎるというほかない。実効性のなさはもとより、事務の効率化という点でも、扶養照会は廃止すべきである。

10　前掲注4）『生活保護手帳別冊問答集・2022年度版』141-142頁参照。

(2) 生活保護の運用面の改善

　生活保護の運用面の改善も急がれる。まず、コロナの収束までは、「能力
の活用」についての審査の緩和を持続するとともに、稼働能力を活用しよう
にも、働く場がなければ、生活保護を利用することができること、就労して
いても、資産がなく給与が最低生活費に満たない場合にも、やはり生活保護
を利用することができることを国や自治体が周知・広報し、生活保護の利用
を積極的に助言していく必要がある。

　資産要件の緩和も必要である。現在の実務では、保護開始時の手持ち金・
預貯金の保有は、保護基準による月の最低生活費の2分の1を超える部分は
収入と認定され、保護開始月の保護費から差し引かれる。これは単身世帯で
約4万円、夫婦と子ども1人の標準3人世帯で約8万円程度の水準である。
また、資産の保有条件も厳しく、物品についても、当該地域での普及率がお
よそ70％を超えていないものの保有は認められず、自動車の保有も原則認め
られていない。その結果、保護を申請しても、文字どおり「身ぐるみ剥がれ
た」状態でないと、保護開始に至らないということになり、将来的に保護か
ら脱却して、生活を再建することがきわめて困難となる。保護開始時の保有
預貯金を、単身世帯で50万円、標準世帯で100万円程度まで認め収入認定せ
ず、生活用品としての自家用車の保有も広く認めるべきである。現在でも、
公共交通機関の利用が難しい地域で、通勤、通院、保育所への送迎などで必
要な場合には、処分価値の小さい自家用車の保有は認められている。さらに、
買い物などの場合にも保有を認めるなど要件を緩和していく必要がある。同
時に、保護世帯からの大学進学を認め、世帯分離による保護費の減額は行わ
ないなどの改善が求められる。

　また、コロナ禍ですらみられる水際作戦の背景には、生活保護行政を担う
福祉事務所の職員の不足、専門性や経験の不足といった構造的な問題がある。
職員の増員とともに、ケースワーカー1人当たりの担当を標準80人（あくま
でも標準であり、100名を超す担当をかかえている職員も多い）から基準50
人（それを超えてはいけない基準）に変更すべきである。同時に、生活保護

164

の実態をつかむため、国レベルで、生活保護の捕捉率の調査を毎年継続的に
実施すべきである[11]。

(3) 生活保護法の改正に向けて

　法改正をともなうものについては、第1に、生活保護法24条を改正し、生
活保護の申請が要式行為ではないことを明確にする必要がある。生活保護の
申請方法を簡略化し、申請の意思を明確にすれば口頭でも可能であり、特定
の申請用紙でなくても便箋等に必要事項を記入しても適法な申請となること
を周知させるとともに、生活保護を利用しようとする人の申請権を侵害して
はならず、申請があれば必ず受付けなければならないとする行政手続法7条
の趣旨を生活保護法にも明記すべきである。現場で散見される水際作戦や保
護の辞退を強制するような運用は違法であり、早急に改められるべきだろう。
　第2に、保護請求権に基づいた生活保護法の全面改正が不可欠である。具
体的には、生活保護利用の権利性を明確にしたうえで、「生活保護法」とい
う名称を「生活保障法」に変更し、関連する文言の変更を行うべきである。
もともと、現行生活保護法の制定時における GHQ（連合国軍総司令部）折
衝での厚生省案の英文は「Daily Life Security Law」で、直訳すれば「生活
保障法」となるはずであったが、権利性が強調されすぎるとして、和文では
「生活保護法」とされた経緯がある[12]。もとに戻すだけで支障はないはずだ。
　第3に、生活保護受給者が必要な助言や支援を請求する権利、それに対応
する行政の情報提供義務も法律に明記すべきである。そのほか、補足性の原
則（4条）の「資産等」について、生活保護法に原則規定を置くとともに、
住宅扶助も個別に利用できる単給を可能とし、その場合の収入・資産要件を
緩和するなどの改正が必要と考える。

11　清川卓史「セーフティネットの機能不全—生活保護も、その一歩手前も」Journalism 379号
　（2021年）19頁は、2010年の厚生労働省の推計以降、定期的に公表される政府統計の中に捕捉率
　は含まれなくなっており、コロナ禍の中で、生活保護が機能しているのかを、客観的な数値で確
　認することができず、生活保護の機能不全が可視化されない大きな要因となっていると指摘する。
12　副田義也『生活保護制度の社会史〔増補版〕』（東京大学出版会、2014年）21頁参照。

(4) 保護基準の法的統制

　保護基準については、恣意的な引き下げを防ぐため、現在の厚生労働大臣による保護基準の決定に関する行政裁量の法的統制を強化することが課題となる。

　この点、日本弁護士連合会の「生活保護法改正要綱案（改訂版）」（2019年2月14日）は、生活保障給付審議会を新設し、同審議会の調査審議を国会が求めたうえで、法律の別表として決めることを提案している。私見でも、保護基準の法定化が望ましいと考えるが、かりに保護基準の改定を行政裁量に委ねる場合でも、少なくとも、保護基準の改定手続と生活保護受給者の改定手続への参加を法定化するとともに、最低生活費の算定過程の透明性を高めるため、基準額設定の基本的な方法なども法定化すべきであろう[13]。

　保護費抑制のため、今度は、保護基準の級地の見直しが、基準部会で審議されている。保護基準には、地域の物価水準などに応じ6区分の級地が設定されている。保護基準額が高い順に1〜3級地までであり、さらにそれぞれの級地が「1級地1」「1級地2」のように、2つの枝番に分かれ、自治体単位で決められている。これを級の枝番を廃止し、6区分を3区分にする方向が検討されている。たとえば、夫婦と子ども（小学生）2人世帯の生活扶助基準額は、1級地1で約17万3000円、1級地2で約16万5000円となっており、枝番を廃止して、保護基準を平均してならした場合、同世帯の基準額は約16万9000円となり、1級地1の世帯では4000円の引き下げ、1級地2では同額の引き上げとなる。しかし、現在、すべての級地で、高い枝番の方が、生活保護受給世帯が2〜4倍多いため、級の枝番の廃止による3区分化は、多くの世帯で、実質的に保護基準額の引き下げとなる。これまでも住宅扶助費、冬季加算の減額など、保護基準の引き下げに加えて保護費の減額が行われており、保護基準の法的統制とともに、恣意的な統制する仕組みが必要である。

13　伊藤・前掲注5）18頁参照。

(5) 生活困窮対策の課題

　生活困窮者への住宅保障については、現在、特例で認められている住居確保給付金の利用期間をコロナの収束まで延長し、普遍的な家賃補助制度として恒久化させる必要がある。その際、年収要件を大幅に緩和し、支給の上限も月8万円程度まで引き上げるべきである。当面は、生活保護の住宅扶助の単給を広く認め、住宅扶助の基準も家賃の実態に即して引き上げる必要がある。中長期的には、公営住宅や公営賃貸住宅の増設も求められる。

　また、コロナ禍では、多くの大学生もアルバイトの減少などにより生活困窮に陥った。各地では、支援団体による大学生などを対象に食糧支援が行われてはいるが、学費が払えず退学に追い込まれる学生も出ている。住民税非課税世帯に対して授業料を減免する現行の修学支援制度を、コロナの影響を受けた世帯にも拡大し、困窮して退学に追い込まれる学生を出さない施策が必要である。将来的には、大学授業料を含め高等教育学費の無償化、給付型奨学金の拡充（所得制限の撤廃）が求められる。

(6) 年金政策の課題

　最後に、年金政策の課題についてみていく。

　高齢期の所得保障には①貧困防止のための基礎所得の保障、②現役期の所得（生活水準）の一定程度の保障という側面がある。日本の年金制度は、①については、負担と給付をリンクさせる社会保険方式を採用しているが、基礎所得すら保障できず機能不全の状態に陥っていることは前述のとおりである。高齢期の基礎所得の保障については、税方式による最低保障年金を確立すべきと考える。すでに、2013年5月に、国連の社会権規約委員会（経済的、社会的及び文化的権利に関する委員会）が提出した「日本政府に対する第3回総括所見」は、日本の高齢者、とくに無年金高齢者および低年金者の間で貧困が生じていること、スティグマのために高齢者が生活保護の申請を抑制されていることなどに懸念を表明し、最低保障年金の確立と、生活保護の申

請手続きを簡素化し、かつ申請者が尊厳をもって扱われることを確保するための措置をとることなどを日本政府に勧告している。

　税方式による最低保障年金は、スウェーデンやフィンランドにもみられる。当面は、65歳以上の高齢者に無条件で生活保護基準相当（単身世帯で月額8万円程度）の年金を支給し、財源は累進性の強い所得税や法人税の課税強化で賄うべきである[14]。最低保障年金の確立により、生活保護受給者の半分以上を占める高齢者は確実に減少する（保護費も大幅に減少する）。年金給付で生活していけるのであれば、生活保護を利用する必要はないからだ。また、税方式への移行期間においても、老後の所得保障制度としての年金制度の趣旨から、保険料免除期間の年金給付も満額支給とするなどの現行制度の改革が早急に求められる。

　これに対して、②の保障については、所得（報酬）比例負担と所得（報酬）比例給付により社会保険方式で給付を行う仕組みが適切といえるが、その場合も、自営業者も含めたすべての人を対象とする方式が望ましい。自営業者の所得をいかに捕捉するかという課題はあるものの、多くの国では、自営業者を含めた所得比例年金は存在しており、非現実的なものではない。

　一方で、年金給付は、高齢化が進む地方では経済において大きなウエイトを占めており、地域経済を支える役割がある。厚生労働省の試算では、島根県（高齢化率33.6%）の県民所得に公的年金給付が占める割合は18.2%にも及ぶ。年金の減額は、消費の低迷を招き、地方経済を衰退させる。地方経済を支えるためにも、物価上昇の中でも、年金・手当の実質的価値を減らし続けているマクロ経済スライドや賃金マイナススライドは廃止し、「減らない年金・手当」の仕組みを確立すべきである。安心できる年金制度の確立は、高齢者のみならず現役世代の老後の安心を拡大し、消費拡大と地方を含めた経済全体の活性化という好循環を生み出すはずだ。

14　年金生活者の団体である全日本年金者組合も、全額国庫負担による最低保障年金を繰り返し提言している。増子啓三「切り下げられる年金―年金引き下げ反対違憲訴訟の現状とからめて」経済250号（2016年）83頁参照。同組合は、2019年4月に「最低保障年金制度第3次提言（案）」をまとめている。それによれば、20歳から60歳までの間10年以上日本に在住し、65歳の時点で原則日本に在住している65歳以上の人に月額8万円の「老齢保障年金」を支給するなどとなっており、必要な財源は約18兆円と試算されている。

第6章 社会保障財政の法と政策の課題

　本章では、これまでの考察を踏まえ、社会保険料と消費税に依存した社会保障財政の特徴と限界を指摘し、コロナ危機のもとでの社会保障財政の法と政策の動向を整理し、税制改革と社会保険改革の方向性と課題を提言する。

1　コロナ危機と社会保障の財源問題

(1) コロナ危機対応による財政支出の増大

　これまでみてきたように、政府は、新型コロナ対策として、2020年度に3度にわたる補正予算を編成し、巨額の財政支出を行ってきた。その規模は、国民一人あたり10万円への一律給付などを盛り込んだ1次補正で総額25.7兆円、2次補正で総額31.9兆円、3次補正を合わせて総額で70兆円にのぼり、一般会計予算総額は過去最高の175兆6878億円に達した。その後も、岸田内閣となり、18歳以下の子どものいる世帯への10万円給付などを内容とする36兆円規模の2021年度補正予算を編成、続く2022年度予算も一般会計で107.6兆円と過去最高を更新し、補正予算と一体で「16か月予算」と位置づけられ、合計の歳出規模は143.6兆円にのぼった。

　もっとも、2022年度予算は、新型コロナの感染対策や医療機関への支援、生活困窮者の支援は十分とはいえない一方で、防衛費（軍事費）は、5兆

3687億円を計上、10年連続の増額で、8年連続で過去最大を更新している。21年度補正予算と22年度当初予算で総額6兆1744億円（デジタル庁の一部予算を含む）にのぼり、歴代政権が目安としてきたGDP（国内総生産）比1％を超えた。ウクライナ戦争を契機に、NATO（北太平洋条約機構）の加盟国に求められているGDP比2％程度までの増額をとの声が与党からあがり、2022年の参議院選挙では、自民党は、5年以内にGDP比2倍以上（現在の約5.4兆円→11兆円以上）に引き上げることを公約に掲げるなど、膨張に歯止めがかからなくなっている。

　一方で、政府は、基礎的財政収支（プライマリーバランス。財政支出のうち、借金の返済や利払いにあてる分を除いた政策経費を税金など借金以外の収入でどれだけ賄えているかを示す指標）の黒字化に向けて、財政支出（歳出）の削減を進めている。そして、削減の最大のターゲットとされているのが、歳出の最大項目である社会保障費である。コロナ対策、さらには膨張する軍備費の財源確保が課題となり、増税が難しい中、社会保障の財源問題が改めてクローズアップされ、社会保障費の削減がさらに進められようとしている。

(2) 社会保障費の自然増分の削減

　日本の社会保障の費用は、高齢化の進展に伴い、年金・医療を中心に、財政規模が拡大してきた。2022年度予算でみると、一般会計歳入歳出の総額は106兆6097億円（対前年度予算比1519億円、0.5％増）と過去最高を更新、社会保障関係費は32兆7928億円（同1609億円、0.5％増）となり、最大の歳出項目となっている。この増大する社会保障の費用をどう賄うのか、その財源をどこに求めるのかが一般に社会保障の財源問題といわれる。

　この間、政府は、経済・財政一体改革と称して、毎年の予算について歳出の目安を定め、とくに社会保障については、自然増（高齢化の進展などで、なんら制度改革を行わなくても増大する費用）の部分の削減を断行してきた。近年も、2016年度から2018年度の3年間で1.5兆円の自然増に対して、各年度それぞれ1700億円、1400億円、1300億円の削減が、2019年度から2021年度

の３年間で1.2兆円の自然増に対して、各年度それぞれ1300億円の削減が行われてきた。2022年度予算でも、社会保障費は自然増部分（見込み額）6600億円を2200億円削減する内容となっている。削減の内訳は、診療報酬における薬価の改定（引き下げ）が中心だが、高齢者の窓口負担の増大などの制度改革によっても削減がなされている。

　つまり、歴代政権のもとで、財源不足や国の歳入不足を理由に、社会保障に必要な予算が確保されず、自然増という必要な予算まで削減されてきたのである。こうした社会保障費の抑制・削減政策（とくに医療費抑制政策）が、コロナ危機で、病床や医療従事者が不足し、国民の命や生活を危機にさらす結果をもたらしたことは前述したとおりである。

(3) 社会保障の財源問題とは何か

　とはいえ、そもそも、社会保障は、国民生活に必要な制度であり、国や自治体の予算が優先的に配分されるべき性格のものである。財政規模や費用が増大し続けていても、国民生活に必要な予算である以上、借金してでも確保すべきであり、予算の大部分が社会保障に充てられることは、異常でも偏重でもなく、きわめて正常な財政の姿といえる[1]。

　それゆえ、国の財政が苦しいから、社会保障費を削減すべきという立論自体は成り立たないはずだ。とくに「健康で文化的な最低限度の生活」水準を定める生活保護基準については、そもそも、国の財政事情が苦しいからといって、無制約の引き下げが許容されるものではない。朝日訴訟第１審判決（東京地判1960年10月19日行集11巻10号2921頁）のいうように、「最低限度の水準は決して予算の有無によって決定されるものではなく、むしろこれを指導支配すべきもの」だからである。

　だとすると、問題となるのは、国の財政赤字や歳入不足を理由に、社会保障の費用が削減されている現状であろう。社会保障費の自然増分も含めて必

1　同様の指摘に、横山壽一「社会保障の財源問題をめぐる対抗と展望」医療・福祉問題研究会編『医療・福祉と人権─地域からの発信』（旬報社、2018年）179頁参照。

要な予算まで削減されていることが問題なのである。つまり、社会保障の財源問題とは、国民生活に必要な社会保障の財源が本当に確保できないのか、つぎにみる消費税以外に財源はないのかという問題設定に置き換えることができる。

2　消費税による社会保障の財源確保とその問題点

(1) 消費税と社会保障財源のリンク─社会保障・税一体改革

　日本では、1989年に導入された消費税が、その導入当初から、社会保障の主要な財源と位置づけられ、社会保障の充実のためと称して、税率の引き上げが行われてきた（3％→5％→8％→10％）。この間、財務省を中心に、増え続ける社会保障費を賄う税財源は消費税しかないという宣伝が執拗に繰り返され、多くの国民が「社会保障財源＝消費税」という呪縛にとらわれ、そう思い込まされてきたし、現在でもそうである。

　社会保障の財源を消費税とリンクさせる「消費税の社会保障財源化」が明確に打ち出されたのは、2012年の当時の民主党政権のもとでの「社会保障・税一体改革」（以下「一体改革」という）においてであった。同年2月に閣議決定された「社会保障・税一体改革大綱」を受け、同年3月に、消費税率の引き上げなどを内容とする消費税法の改正案が国会に提出され、法案修正のうえ同年8月に成立した。

　改正された消費税法には「消費税の収入については、地方交付税法の定めるところによるほか、毎年度、制度として確立された年金、医療及び介護の社会保障給付並びに少子化に対処するための施策に要する経費に充てるものとする」（1条2項）と定められ、ともに成立した社会保障制度改革推進法にも「社会保障給付に要する費用に係る国及び地方公共団体の負担の主要な財源には、消費税及び地方消費税の収入を充てるものとする」（2条4項）

と規定された。

　一体改革が「消費税の社会保障財源化」と称しているのは、法律で消費税
の使途を「社会保障 4 経費」（年金、医療、介護、少子化対策）に限定した
ことをさしている。とはいえ、財務会計制度では、特別会計などを設置して
「社会保障 4 経費」を他の歳入・歳出から区分して経理することはしていな
い。法律で使途を限定しても、財務会計上はそうなっておらず、消費税は使
途を特定しない一般財源である。地方税法も、地方消費税の使途を明記して
いるが、地方消費税も一般財源に区分されている。したがって、消費税は社
会保障費にしか用いないという意味での社会保障目的税ではない。実際に、
消費税収は、国債の発行抑制など社会保障以外に使われていることは政府資
料を見ても明らかである。

　以上のことから、一体改革のいう「消費税の社会保障財源化」とは、消費
税を社会保障目的税とすることではなく、消費税の増税分しか社会保障支出
（かりにそれ以上必要があったとしても）を増やさないこと、いわば社会保
障の支出にキャップをかぶせることを意味している。同時に、社会保障制度
改革推進法は「社会保障の機能の充実と給付の重点化及び制度の運営の効率
化とを同時に行（う）」とも規定している（2 条 2 項）。このことは、社会保
障の充実のための財源は、消費税増税のほかは、他の社会保障給付の削減
（給付の重点化・制度の運営の効率化）によって捻出された財源を充てると
いうことにほかならない。

(2) 社会保障・税一体改革の本質

　つまり、社会保障の財源（正確には社会保障 4 経費）を消費税以外の歳入
から切断し、他の歳入がいくらあろうと、社会保障の充実は、消費税の増税
でしか賄わない、もしくは、他の社会保障給付を削減して捻出した財源でし
か賄わないとしたところに、一体改革の本質がある。こうした政策スタンス
のもとでは、消費税の増税か、他の社会保障給付の削減がない限り、十分な
予算が確保できず、たとえば、介護士や保育士の待遇改善といった施策は
微々たるものにとどまるか先送りされ、現状の人手不足は放置されることに

174

なる。

　他の社会保障給付を削減して、別の社会保障のための財源に回す手法がとられた例としては、幼児教育・保育の無償化がある。前述のように、幼児教育・保育の無償化の範囲は認可外保育施設にまで拡大されたにもかかわらず（第3章5参照）、予算額はほとんど増えなかった。内閣府の国会答弁等から推察すると、2号認定の子ども（3歳以上で保育を必要とする子ども）の副食費を公定価格から外し保護者の負担に転嫁することで削減される公費は642億円程度であるのに対し、認可外保育施設などの無償化に必要な費用は約618億円で、年収360万円未満層に対する副食費負担の免除額をくわえると、642億円に近い額となる。このことから、認可外保育施設などの無償化に必要な財源をねん出するために、保育所の3〜5歳児の副食費を無償化の対象から外したのではないかと指摘されている[2]。

　同様に、2022年10月から、児童手当の特例給付（所得制限にかかる世帯に月額5000円を支給）が縮減され、年収1200万円以上の世帯が対象外となった（特例給付を受けられなくなった子どもは、児童手当を受給している全体の4％、約61万人）。これにより浮いた公費370億円程度が、待機児童解消のための「新子育て安心プラン」の財源とされた[3]。

(3) 消費税の増税と法人税の減税

　消費税の増税の一方で、それにあわせるかのように法人税の減税が行われてきた。
　法人税の基本税率は、消費税導入時の1989年度は40％であったが、段階的

2　北明美「子ども・子育て支援新制度と児童手当—保育無償化における児童手当からの給食費徴収に関わって」月刊保育情報519号（2020年）6頁参照。

3　北明美「児童手当・所得制限の強化ではなく、撤廃を」日本子どもを守る会編『子ども白書・2021年』（かもがわ出版、2021年）132頁は、「新子育て安心プラン」の追加費用として、企業が納付する子ども・子育て拠出金の増額を財界が了承したかわりに、特例給付を削減することを政府が約束したと指摘している。伊藤周平「子ども・子育て支援法及び児童手当法の一部を改正する法律案についての意見」（衆議院内閣委員会参考人意見陳述レジュメ・2021年4月8日）12頁も参照。

図表 6-1　法人税率の推移（基本税率）

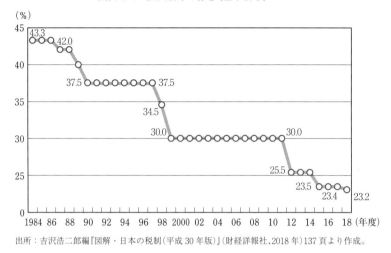

出所：吉沢浩二郎編『図解・日本の税制（平成 30 年版）』（財経詳報社、2018 年）137 頁より作成。

　に引き下げられ、2018年には、23.2％とおよそ半分の水準に引き下げられて
いる（図表 6 - 1 ）。

　法人実効税率も、2016年に、消費税率10％引き上げと酒類・外食を除く飲
食料品等の税率を 8 ％に据え置く軽減税率の導入が決定されたときに
29.97％にまで引き下げられた。ここで、法人実効税率とは、法人税、法人
住民税、法人事業税のほか、地方法人特別税、地方法人税を含む、企業など
法人が負担している税額総額の法人所得に対する比率をいう。2016年当時で
主要国でみると、アメリカ約40％、フランス約33％、ドイツ約30％、イギリ
ス約28％などとなっており、日本の税率が高いことが指摘され、このことが
法人税率の引下げの論拠となってきた。しかし、法人実効税率は、計算上の
表面的な税率を示したもので、実際の負担率を意味するものではない。日本
の税制では、研究開発減税をはじめ多くの減税措置（法人税法と租税特別措
置法に基づくもの）があり、これらを利用できる大企業（資本金10億円以上
の企業。以下同じ）の実際の税負担率は、平均で16％程度と表面上の実効税
率（29.97％）よりはるかに低くなっている（2017年度）[4]。

4　詳しくは、富岡幸雄『消費税が国を滅ぼす』（文春新書、2019年）123-127頁参照。

　こうみてくると、法人税の減税は消費税の増税とセットで行われてきたことがわかる。しかし、法人税を減税しても、労働者の賃金は上がっていない。労働者の賃金は、1998年から上昇がとまり、それと並行して日本の経済成長も停滞している。経済のグローバル化に対応して国際競争力をつけるためと称して、企業の人件費の削減が行われ、労働者の賃金が上がらない構造が形成されたといえる。労働組合の組織率（現在17％）が低下し、組合の交渉能力が弱体化したことも影響している。また、中小企業の約7割は赤字経営なので、そもそも法人税を払っておらず、法人税が減税されたところでなんの恩恵もない。

　かくして、大企業の内部留保は、コロナ禍でも増え続けており、2021年度末（2022年3月）で、484.3兆円と前年度から17.3兆円増、2022年4〜6月期は500兆円を超え過去最高額を更新し続けている（財務省「法人企業統計調査」による。以下の数値も同じ）。円安の恩恵を受けて輸出型大企業に利益が集中している。一方で、2020年度の労働者1人当たりの賃金は579.2万円と、前年度比1.2％減、役員報酬は同0.5％増の1964.8万円、配当は同11.3％増の24.7兆円となっている。大企業の利益や法人税減税分の大部分は、コロナ禍で生活苦にあえぐ労働者の賃金には回らず、株主への配当や役員報酬、大企業の内部留保に化したわけだ。

(4) 消費税増税分は大企業と富裕層減税の穴埋めに消えた！

　法人税収と消費税収の推移のデータをみると、地方税分を含めた法人3税の税収の税率引き下げなどによる累計減収額は、1990年度から2019年度までで298兆円に達する。1989年度から2019年度までの消費税収の累計額は、地方消費税を含めて397兆円となっている。

　また、所得税も、消費税の導入以降、累進性が緩和され、フラット化が進んでいる。とくに、最高税率が引き下げられ、高所得者の減税が繰り返されてきており、1992年度から2019年度までの所得税・住民税の累計減収額は275兆円にものぼる。前述のように、消費税は使途を特定しない一般財源であることを考えれば、消費税増税による増収分の大半は、法人税や所得税の

図表 6-2　国の税収の推移

年度	所得税	法人税	消費税	その他	合計
1990年度	所得税 26.0兆円	法人税 18.4兆円	消費税 4.6兆円	その他	60.1兆円
2018年度	所得税 19.9兆円	法人税 12.3兆円	消費税 17.7兆円	その他	60.4兆円
2020年度	所得税 19.2兆円	法人税 11.2兆円	消費税 21.0兆円	その他	60.8兆円

出所：財務省ホームページ「一般会計税収の推移」より作成。

減税などによる税収減の穴埋めで消えたこととなる。

　この間、所得税・法人税の政策減税と賃金所得の低下から、国税収入に占める所得税・法人税の割合が低下し消費税の割合が増大、国の税収の推移を1990年度と2020年度で比較すると、税収額は60.1兆円と60.8兆円でほぼ同じだが、税収の構成割合が大きく変化している。所得税収は26兆円→19.2兆円、法人税収も18.4兆円→11.2兆円といずれも激減しているのに対して、消費税収は4.6兆円→21兆円と、消費税収が所得税の税収を上回り、税収のトップになっている（図表6-2）。2020年度の国税収入は、コロナ危機でも、過去最高を記録したが、それは消費税収の増大によるところが大きい。2022年度予算でも税収の合計は65兆2350億円と見込まれ、その内訳は、消費税21兆5730億円、所得税20兆3820億円、法人税13兆3360億円と、消費税が国の税収のトップとなる見込みである。大企業や高所得者の税負担（法人税・所得税負担）が軽減され、その分が中低所得者の家計負担（消費税負担）に転嫁されたといえる。

3 社会保険料による社会保障の財源確保とその問題点

(1) 日本の社会保障財政の特徴—社会保険中心主義

　一方、日本の社会保障財政についてみると、その特徴は、社会保険中心の財政といえる。

　ILO（国際労働機構）基準に基づき、国立社会保障・人口問題研究所が毎年公表している日本の社会保障給付費をみてみよう。社会保障給付費は、社会保障にかかる支出のうち個人に帰着する給付に着目した指標である。

　2020年度の社会保障給付費は、総額132兆2211億円（対前年度 8 兆2967億円、2.1％増）となり、1950年度の集計開始以降、過去最高を更新している。部門別でみると、「年金」が55兆6336億円で、総額に占める割合は42.1％、「医療」が42兆7193億円で同32.3％、「福祉その他」が33兆8682億円で同25.6％となっている（図表 6 - 3）。前年度からの増加額は、「医療」が 1 兆9951億円（4.9％増）、「年金」が1815億円（0.3％増）、「福祉その他」が 6 兆1201億円（22.1％増）であり、雇用調整助成金が増加したことなどにより、「福祉その他」の伸び率が高かった。

　これに対して、社会保障財源（社会保障給付費と同様、ILO 基準に対応するもの。給付費のほか、管理費、施設整備費等も含まれる）の総額は184兆8160億円で、前年度比52兆4629億円、39.6％の大幅増加となっている。社会保障財源を項目別にみると「社会保険料」が73兆5410億円で、収入総額の39.8％を占め、ついで「公費負担」が58兆9527億円で31.9％を占める。「社会保険料」の内訳は「被保険者拠出」が38兆7032億円（対前年度0.7％減）、「事業主拠出」が35兆417億円（同0.6％減）で、「公費負担」の内訳は「国庫負担」が41兆26億円（同19.2％増）、他の公費負担が17兆9502億円（同2.5％増）となっている。社会保障財源の総額は前年度と比べ39.6％増加しており、これは年金積立金の運用実績が前年度と比べて伸びたことにより、「資産収

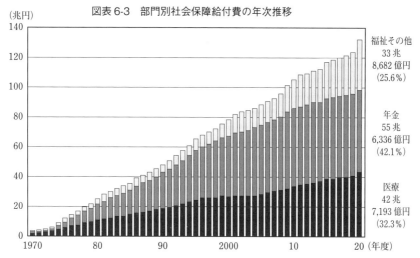

図表6-3　部門別社会保障給付費の年次推移

出所：国立社会保障・人口問題研究所「令和2年度社会保障費用統計」時系列表第8表より作成。

入」が42兆3471億円増加したことが影響している。社会保険料収入はわずか
に減少しているが、「資産収入」についで前年度と比べ増加率が高かったの
は「国庫負担」である。これは主としてコロナ対策にかかる支出増による。
　以上のように、日本では、社会保障給付の大部分を社会保険方式で実施し
ており、社会保障財源として社会保険料収入が半分以上を占めている。そし
て、ヨーロッパ諸国に比べると、社会保険料負担に占める被保険者拠出（負
担）が事業主拠出（負担）に比べて多いのが特徴といえる。実際、個人（被
保険者）の社会保険料の負担は、先進諸国ではトップレベルとなっており、
個人の所得税負担より社会保険料負担の方が大きいのは、主要国中では日本
だけとの指摘がある[5]。

5　高端正幸「誰もが抱える基礎的なニーズは税で満たせ─『社会保険主義』の罪」公平な税制を
　　求める市民連絡会会報8号（2017年）2頁参照。

(2) 社会保険料収入の減少と公費負担の増大

　社会保障給付費と社会保障財源の推移をみると、1990年代には、社会保障
給付費と社会保険料の差は大きくなかったが、その後、社会保障給付費は一
貫して増えたのに対して、社会保険料は、2000年代に伸びが停滞し、社会保
障給付費との差が増大した。そのギャップは公費負担の増大で埋められてき
た。1990年代には社会保険料は社会保障給付費の8割以上を占めていたが、
2019年度には6割弱に減り、4割を公費が占めるようになった。

　以上のように、社会保険料は、社会保障財源の調達機能を低下させてきた
が、その原因は2つある。1つは、社会保険料を伴わない、つまり公費で賄
う社会保障給付費が増加したことである。貧困の拡大に伴い生活保護費のほ
か、児童福祉や障害者福祉などの社会福祉費が増加したのである。2つめは、
前述のように、社会保険料収入の伸びが、2000年代以降、停滞したことであ
る。これは、保険料のベースとなる被保険者の賃金収入・所得の停滞もしく
は減少によるところが大きい。

　さらに、社会保険料収入の内訳をみると、2002年度までは、事業主拠出が
被保険者拠出を上回っていたが、2003年度以降、逆転しその差が開いている。
これは、国民年金や国民健康保険、後期高齢者医療など、事業主負担を伴わ
ない社会保険の被保険者が増大したこと、高齢化の進展で退職者が増加した
こと、被用者保険に加入できない非正規労働者やフリーランスなど個人事業
主が増大したことによる。いわば高齢化の進展に雇用の劣化が重なった結果
といえる（第4章1参照）。

(3) 社会保険料負担の様相と減免制度

　社会保険料の財源調達機能が低下してきていることに加え（だからかもし
れないが）、「負担なければ給付なし」という保険原理が強調され、個人の社
会保険料負担が増大している。しかも、社会保険料は、給付を受けるための
対価とされているため、所得のない人や低い人にも保険料を負担させる仕組

みをとり、低所得者ほど負担が重く逆進性が強い。

　国民年金の保険料は定額負担（2022年度で月額１万6590円）だが、保険料の納付が困難と認められる者に対して、保険料の免除（法定免除・申請免除）の仕組みを採用している。ただし、保険料免除の場合は、国庫負担分を除いて給付に反映されない。

　健康保険や厚生年金保険などの被用者保険の保険料は、標準報酬に応じた定率の負担となっているが、累進制ではなく、標準報酬月額に上限が存在するため（健康保険で第50級・139万円、厚生年金保険で第31級・62万円）、高所得者の保険料負担が軽減されている。

　地域保険である国民健康保険料、介護保険第１号保険料、後期高齢者医療保険料は、住民税非課税の低所得者・世帯にも賦課され、配偶者にまで連帯納付義務を課す仕組みである。いずれも被用者保険に比べると、事業主負担が存在せず、保険料額が突出して高くなっており、低所得者に過重な保険料負担となり、それらの人の家計を圧迫し、貧困を拡大するという本末転倒の事態が生じている。

　国民健康保険料では、応益割部分について低所得者に過重な負担となる可能性があるため、所得の低い者に対して７割、５割、２割の保険料の軽減制度がある（国民健康保険法81条の委任に基づく保険料の軽減制度で、法定軽減制度といわれる。第１章５参照）。減額された保険料が賦課され、その部分については、市町村がいったん一般会計から財源を繰り入れ、そのうちの４分の１を国、４分の３を都道府県が負担する仕組みである（図表6-4）。介護保険料についても同様の仕組みがある。

　さらに、保険者である市町村等は、条例または規約の定めるところにより、特別の理由がある者に対し保険料を減免し、または徴収を猶予することができる（国民健康保険法77条）。介護保険料についても同様の規定がある（介護保険法142条）。しかし、この「特別の理由」は、災害などにより一時的に保険料負担能力が喪失したような場合に限定され、恒常的な生活困窮は含まないと解されている。そのため、恒常的な低所得者については、保険料の一部減額は認めるものの、全額免除を認めていない市町村がほとんどである。

　恒常的な生活困窮者に対して国民健康保険料の免除を認めていないことが

図表 6-4　国民健康保険料の減額の仕組み

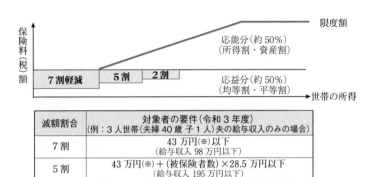

※世帯の給与・年金所得者が 2 人以上の場合は、43 万円＋10 万円 ×（給与・年金所得者の数−1）

出所：厚生労働省資料より作成。

憲法25条・14条に違反しないかが争われた旭川市国民健康保険条例事件で、最高裁は、恒常的生活困窮者については生活保護法による医療扶助等の保護を予定していること、国民健康保険料の軽減制度があることなどを理由に違法とはいえないと判示した（最大判2006年 3 月 1 日民集60巻 2 号587頁）。しかし、生活保護基準以下の所得しかない被保険者、さらには保険料が賦課されれば、確実に「健康で文化的な最低限度の生活」水準を下回る被保険者に対して保険料を賦課することは、被保険者の生存権侵害にあたり適用違憲の余地がある[6]。

　恒常的な生活困窮者がすべて生活保護を受給しているわけではないことを考えれば（生活保護の捕捉率は 2 割にとどまる。第 5 章 1 参照）、市町村の条例減免でも低所得者に対する保険料の免除を認める必要があろう。

（4）税・社会保障による所得再分配の機能不全（というより逆機能）

　こうした日本における「社会保険中心主義」は、不公平な税制とあいまっ

6　介護保険料について、伊藤・介護保険法 264-270頁参照。

て、税・社会保障による所得再分配の機能不全を引きおこしている。所得再分配は、税・社会保障のもつ重要な機能で、累進課税によって所得の高い人により多くの負担を求め、これを財源に、たとえば、生活保護のように、生活困窮者に対して必要な生活費を支給することで、高所得者から生活困窮者（低所得者）に対して所得が再分配される。

　ところが、日本では、前述のように、所得税や法人税の累進性が緩和され、社会保障の中心をなす社会保険制度の「保険原理」が強化されてきたため、税・社会保障による所得再分配を機能不全に陥らせている。実際、税・社会保障による貧困削減効果は、日本は OECD（経済協力開発機構）加盟国中で最低水準である。そればかりか、近年の実証研究で、世帯の成人が全員就業する世帯（就業するひとり親世帯など）、就業者全般、そして子どもなどの区分で、日本では、可処分所得（就労等による所得から税・保険料負担を引いて、社会保障給付を足した数値）レベルでの貧困率が市場所得（就労等による所得）レベルの貧困率よりも高いという、重大な特徴が析出されているという[7]。政府による税・社会保障による所得再分配が機能していないどころか、逆に貧困を増大させるという驚くべき事態を招いているのである。社会保障の機能不全というより「逆機能」である。

　このことは、本来であれば、税や保険料が免除される所得水準の人に対しても課税や保険料賦課がなされ、それらの人に対する社会保障給付（年金・手当）がきわめて少ないことを意味する。保険料等の減免と社会保障給付の増額が求められるゆえんである。

7　大沢真理「包摂する社会が危機にも強い」宮本太郎編『自助社会を終わらせる―新たな社会的包摂のための提言』（岩波書店、2022年）302頁参照。

4 社会保障の財政・税制をめぐる動向

(1) 各国で消費税（付加価値税）減税、法人税増税の動き

　コロナ危機への対応で、各国は巨額の財政支出に踏み切っている。そして、その財源をどうするのか税負担のあり方が課題となり、これまでの財政政策を見直す動きが出ている。

　まず、感染拡大による経済的危機を打開し、落ち込んだ景気を回復するため、ドイツ、イギリス、フランスをはじめ世界90か国以上の国が、付加価値税（日本の消費税に該当）の減税に踏み切っている。新型コロナ対策としての付加価値税（消費税）の減税は、今や世界の常識といってよい。ところが、日本では、自公政権が、消費税は社会保障の安定財源であり財源確保のために必要との従来からの主張を繰り返し（その主張が誤りであることは前述した通りだが）、消費税減税に踏み込もうともしない（終章参照）。

　ついで、コロナ危機の中でも大きな利益をあげている大企業や富を蓄えている富裕層への課税強化の動きがみられる。たとえば、イギリスは、コロナ対応の財政支出が約60兆円（日本円換算。以下同じ）にのぼるが、この財源確保に向け、2023年4月からの法人税の増税を決定した。増税の対象は、23年度からの年間の利益が約3700万円の企業は25％、利益が750万円未満の中小企業には19％の現行税率が適用され、その間の利益の企業には19％から25％未満の税率が課される。実現すれば、1974年以来、実に半世紀ぶりの増税となる。1980年代のサッチャー政権以降、法人税引き下げ競争の先頭に立ってきたイギリスで、法人税の増税が行われようとしている。アメリカでも、バイデン政権が、トランプ前政権が35％から21％まで引き下げていた法人税率を28％に引き上げるなどの案を提示している。

(2) 法人税の最低税率とデジタル課税などに関する国際的合意

　これまで富裕層や多国籍企業は「タックスヘイブン」と呼ばれる、税負担や金融規制がない（もしくはほとんどない）国・地域に資金を移し、巧みに税負担を回避してきた。同時に、国境を越えて活動し、税負担の軽い「タックスヘイブン」に拠点を置く多国籍企業を呼び込むために、先進諸国では、これまで法人税の引き下げを競ってきた（「底辺への競争」と呼ばれる）。それが日本も含めて各国で、税収減をまねき財政悪化の原因になり、労働所得や消費への課税強化、とくに消費税（付加価値税）への税収依存度が高まっていった。多国籍企業や富裕層の課税逃れにより、本来、支払われるべき法人税や所得税などが支払われず、財政が悪化し、そのつけを消費税増税という形で、一般国民が払わされるのでは、多くの国民は納得がいかないはずだ。

　こうした中、新型コロナの感染拡大という非常事態に対応した各国での巨額の財政出動とそれに伴う財政悪化は、税収確保の観点から、多国籍企業や富裕層の税逃れの規制の強化と税制の国際ルールを定める国際的合意の動きを加速した。2021年 7 月 1 日に、OECD ／ G20（20か国・地域）の「BEPS（税源浸食と利益移転）包括的枠組み（Inclusive Framework on Base Erosion and Profit Shifting）」が、法人税の最低税率など 2 つの柱からなる国際課税ルールの見直しについて大枠合意し、それを受けて、同月10日、G20の財務大臣・中央銀行総裁会議がこれを承認、同年10月 8 日に、「BEPS 包括的枠組み」は、残された論点と詳細な実施計画について合意に達したとの声明を出した（以下「2021年10月合意」という）。140か国・地域からなる国際的合意であり、これほど大規模なものは租税分野において他に例をみない歴史的合意と評価されている[8]。

　2021年10月合意の内容は、①売上高200億ユーロ以上、利益率10％超の多

8　藤原健太郎「『BEPS2.0』の理論的意義と租税国家」法律時報94巻 5 号（2022年）16頁参照。また、同様の指摘に、合田寛「新自由主義的税・財政の克服を模索する世界」経済317号（2022年）101頁参照。

国籍企業に対して、売上げの10%の利益を超える部分（残余利益）のうちの25%を、売上高に応じて消費地である市場国に配分する、②法人税の最低税率を15%に設定する、というものである。①は、GAFA（グーグル、アップル、フェイスブック（現在はメタ）、アマゾン）など巨大企業を念頭に置いて進められてきたデジタル課税の一環である。従来の法人税は工場や店舗などの物理的な拠点に網をかけるのが原則であったが、GAFA などの巨大デジタル企業は、大きな事務所を持たずにインターネットを通じて世界中でサービスを提供し、膨大な利益を上げているにも関わらず、利益をあげている消費地では課税しにくいという課題があった。その意味で、デジタル課税の導入は、税制の歴史的な転換といえる。また、②は、法人税引き下げの「底辺への競争」に歯止めをかけ、企業の課税の逃れを防ぐ狙いがある。

　ただし、デジタル課税の課税対象となる企業は、当面は世界で100社程度と限定され、配分される利益は多国籍企業の利益のごく一部にすぎず、また、OECD および G20の加盟国のほとんどが15%を上回る法人税を設定しているため、15%という法人税の最低税率が低すぎるという問題は残る[9]。とはいえ、国際的な税のルールに関して、多くの国々が参加して合意が成立した意義は大きい。コロナ対策や社会保障の財源は、コロナ危機のもとでも大きな利益を上げ続けている大企業や富裕層への増税で賄うべきという世界的な合意ができつつある。

(3) 社会保険料の軽減・減免措置の動向

　コロナ危機に直面した各国は、付加価値税（消費税）の減税のほか、個人の社会保険料負担についても軽減を行っている。たとえば、ドイツや韓国は、低所得者や小規模の事業者に対して保険料減免や国庫による肩代わり措置を行ってきた。

　しかし、日本では、社会保険料の減免措置が、前述のように要件が厳しく

9　同様の指摘に、吉村政穂「法人税の最低税率─GloBE ルールの概要および課題」ジュリスト1567号（2022年）34頁参照。

硬直した制度となっており、減免そのものが受けられていない人も多い。財務省の国民負担率のデータから計算すると、2020年度の国税収入は2.9兆円の増収で、地方税の減収0.3兆円とあわせて、全体で2.6兆円の増収、社会保険料収入は0.5兆円の減収にとどまっている。コロナ禍での個人の税・社会保険料負担の減免が不十分であったことがうかがえる。

　とくに、個人住民税や国民健康保険料は、前年の所得に基づいて算定されるため、コロナの影響で所得が減っても、前年にそれなりの所得があった場合、税・保険料負担は減少しない。2020年度の地方税収は0.7兆円減少しているが、減ったのは法人税で、個人住民税は増加しており、同年度中のコロナの影響による個人住民税の減免措置がほとんどとられなかったことが推察される[10]。国民健康保険料については、自治体レベルで全額減免も含め減免が行われたようだが、マクロ的には収入にほとんど影響していない。

5　税制改革の方向性と課題

(1) 税制改革の方向性

　税制の基本原則は、負担能力（税法では「担税力」といわれる）に応じた負担、すなわち「応能負担原則」にある。この原則は、憲法25条の生存権理念から導き出される要請である。同時に、国民が「健康で文化的な最低限度の生活を営む権利」（憲法25条1項）を公権力が侵害してはならない、最低生活費に食い込むような課税や保険料の賦課は行ってはならないという「最低生活費非課税原則」もそこから導き出される基本原則である。税法学の通説的理解でも、給与所得者の所得税の人的控除（基礎控除、配偶者控除、扶養控除など）は、所得のうち、本人およびその家族の最低限度の生活を維持

10　大沢・前掲注7）310頁参照。

188

するのに必要な部分は担税力をもたないという理由に基づくもので、憲法25条の生存権保障の租税法における現れとされている[11]。これらの基本原則が、税制改革を進めるうえでの基本原則たりうる。

　所得税は、所得が高いほど税率が高くなり（最高税率が下げられてきたという問題はあるが）、一定所得未満の人には課税されないことから、基本的に応能負担原則と最低生活費非課税原則で貫かれている。これに対して、消費税は、所得の少ない人ほど負担が重い逆進性の強い不公平税制である。「応能負担原則」という憲法の基本原則に反する消費税が基幹税となり、前述のように、所得税や法人税の税収を追い抜き国の税収のトップとなっている現状は、どう考えても異常というほかない。

　社会保障の財政政策は、応能負担原則に基づき、消費税に依存することなく、大企業や富裕層が優遇されている税制を改革し、能力に応じて負担する税制改革が基本となるべきだ。イギリスやアメリカで、法人税の増税が計画され、各国で、法人税の引き下げ競争をやめ、タックスヘイブンへの規制や多国籍企業に対する課税を強化するために、国際的協力が進みはじめている今こそ、コロナ後をみすえ、日本でも、応能負担原則に基づいた社会保障の財政政策の転換と税制の抜本的な改革が求められる。

(2) 所得税の改革―累進性の強化と総合課税化

　具体的には、まず所得税について、累進性を強化し基幹税として再構築する必要がある。

　日本の所得税率は1986年まで15段階、最高税率70％であったが、現在は、7段階、最高税率45％（住民税の10％とあわせて55％）と累進性が大きく緩和されてきた。最高税率の水準を1986年水準にまで戻せば、相当の税収増になるはずである。

　同時に、分離課税となっている所得を合算し総合課税とすることで、累進課税の対象外となっている金融所得などを累進課税の対象とする必要がある。

11　金子宏『租税法〔第24版〕』（弘文堂、2022年）210頁参照。

総合課税化には、所得の捕捉のための諸般の措置が必要で、時間がかかると考えられるが、その間の応急措置として、バブル崩壊後に経済対策として進められ、いまだに続いている株式の譲渡益（売却益）や配当金など金融所得に対する低い税率（住民税と合わせて20％）を、少なくとも欧米諸国並みの30％台に大幅に引き上げるべきだろう。

　この間の自公政権の税制改革により、金融所得は優遇される一方で、給与所得控除を受けられる年収の上限が断続的に引き下げられ、給与所得控除の額も上限も引き下げられるなど、給与所得については、むしろ増税されている。年金生活者に対する公的年金控除も、従来の140万円から130万円へと引き下げられたが、こうした引き下げは中止すべきである。さらに、所得稼得者本人の最低生活費にあたる基礎控除が48万円ときわめて低額である（基礎控除については、2020年に、従来の38万円から48万円に引き上げられたものの、それと同時に、給与所得控除が一律10万円引き下げられたので実質的な引き上げになっていない）。「最低生活費非課税原則」からも、基礎控除の額は大幅に引上げられる必要がある。

(3) 法人税の改革―法人税率の引き下げ中止と課税ベースの拡大

　法人税については、前述のように、大きな税収減をもたらしている減税を早急に中止し、引き下げられてきた税率をもとに戻し、さらに引上げも検討すべきだろう。同時に、租税特別措置など大企業の優遇税制を見直し、課税ベースを拡大する必要がある。

　中心になるのは租税特別措置の廃止、縮小による法人税の課税ベースの拡大である。とくに、受入配当金等の益金不算入制度（持株比率３分の１以上の株式の配当すべてなどが受取配当益金不算入として課税除外される制度）は、完全子会社でない企業の株式を保有するのは投資活動という性格があり、配当利益には課税が当然であることを踏まえれば、廃止すべきであろう。

　さらに、現在の法人税率（23.2％）は、所得が増えても同じ税率である比例税率になっている。これを優遇税制により所得金額が減額された受取配当益金不算入額などを加算して合計所得金額を算出し、これに所得税並みの累

進税率（所得が増えると税率も増える方式）、具体的には5％、15％、25％、35％、45％の累進税率を課せば、2020年度の法人税収は31兆308円、現在の11兆1778億円より19兆8530億円もの増収になるという試算がある[12]。累進課税にすれば、資本金5000万円以下の中小企業は現行よりも低い税率で課税されるから減税になる。

(4) 相続税の改革と富裕税の構想

　ついで、富裕税の創設など資産に対する課税の強化が必要である。

　まず、相続税については、課税ベースを拡大し、同時に累進課税を強化することで、所得再分配機能を高めるべきである。相続税の最高税率は現行では55％であるが、基礎控除額が高いため、対象者が限られている。基礎控除額については、被相続人との親族関係に応じた金額として、担税力のある相続人等については、基礎控除を縮小し、課税ベースを拡大すべきであろう。同時に、最高税率を70％まで引き上げるべきである。

　贈与税については、住宅所得資金、教育資金、結婚・子育て資金の贈与にかかる非課税の特例が多く存在する。高額な非課税制度は、贈与を受けられる者と受けられない者との格差を助長し、「格差の世代間連鎖」を促すことになるため、縮小すべきである。また、贈与税の最高税率（現行55％）についても引き上げる必要がある。

　近年、日本では、所得格差以上に、資産格差が拡大している。とくに、投資可能資産100万ドル以上を保有する富裕層は、338万人を超え、先進国ではアメリカに次いで富裕層が多い国となっている（「World Wealth Report 2018」による）。これら富裕層の保有資産に対して、緩やかな累進税率で課税する富裕税の創設も検討されてよい。

　「不公平な税制をただす会」が、2019年度の政府統計資料をベースに計算した試算によると、以上のような法人税・所得税および相続税の不公平税制

12　菅隆德「大企業史上最高益と税負担—2022年3月決算と応能負担」税制研究82号（2022年）165-166頁参照。

の是正により、消費税に頼らず、合計で46兆3649億円もの財源確保が可能とされている。

(5) 消費税の改革─当面は税率引き下げ、将来的な廃止

　最後に、消費税については、当面、10％から５％への消費税率の引き下げが急務である。前述のように、コロナによる経済的危機を打開し、落ち込んだ景気を回復するために、消費税（付加価値税）の減税は各国でおこなわれており、コロナ対策としての消費税減税は、世界の常識といえる。

　もっとも、現在、消費税だけで約21兆円と国の税収の３分の１を占め、基幹税化していることを考えるならば、消費税をすぐに廃止することは現実的ではない。しかし、社会保障財源として最もふさわしくないばかりか、社会保障を破壊する消費税は将来的には廃止すべきと考える。

　そして、消費税に代わる財源として、私見では、消費税導入時に廃止された物品税の復活が有効と考える。物品税は、貴石、毛皮製品などの高価な製品（第１種物品）や自動車類、電気器具類など（第２種物品）について課されていた税で、第１種物品については販売業者が、第２種物品については製造業者が納税義務者とされていた。1989年の廃止当時で、物品税について約２兆円の税収があったことを考えると、課税ベースを拡大すれば、さらなる税収が見込めるのではないか。

(6) 倒錯した予算配分の変更を

　歳出面での改革も必要となる。たとえば、日本は、就学前教育段階における公財政教育支出は、GDP（国内総生産）の0.1％と、OECD諸国（平均0.6％）の中では最低レベルである。日本という国は、乳幼児の保育・教育にほとんどお金をかけていないのである。一方で、防衛費（軍事費）は、前述のように、過去最高を更新し、GDP比１％を超えている。乳幼児の保育・教育に支出される公費が、防衛費（軍事費）のわずか10分の１程度なのである。

192

　防衛費（軍備費）には何兆円もの税金を費やしながら、国民の生活を守り、人を育てるための社会保障には、財源には限りがあると、わずかの公費（税金）の投入も嫌がっているのが現在の自公政権である。それどころか、社会保障予算を削って、病床を削減した結果、コロナに感染しても入院できる病床がなくなり、多くの人が命の危機にさらされ、命を落とす人も出たことは前述したとおりである（第1章1参照）。

　財源がないのではなく、使い方が間違っているのである。逆にいえば、倒錯した予算配分を変更し、財源の使い道を変えれば、感染症のパンデミック時においても必要な医療が受けられるだけの医療提供体制を整備し、看護師、介護士、保育士といったエッセンシャルワーカーの待遇を改善し、ゆとりのある介護や保育を実現することは十分可能なのである。

6　社会保険改革の方向性と課題

(1) 社会保険料の負担軽減と減免範囲の拡大

　社会保険制度では、低所得者に過重な負担となっている保険料の負担軽減が課題となる。

　所得・収入がなくても賦課される国民健康保険料・介護保険料・後期高齢者医療保険料については、収入のない人や住民税非課税世帯の保険料は免除とすべきである。当面は、国民健康保険料・介護保険料の2割・5割・7割軽減を8割・9割軽減にまで拡大していくべきだろう。また、被用者保険である健康保険や厚生年金の保険料は、その年度初めの3か月の固定的賃金（諸手当を含む）に応じて算定され、4月から7月までで降給した場合には、減額改定もされることを考えれば、国民健康保険料の算定基準も、前年度の所得から3年間の平均収入にならすなどの改善が必要である。

　ついで、他の国に比べて社会保険料負担に占める割合が低い事業主負担と

公費負担を大幅に増大させるべきである。国民健康保険については、現在の国庫負担は保険給付費に対し定率40％となっているが、1984年までは、患者負担を含む医療費全体に対し定率40％であった。地方単独の福祉医療制度を実施した場合、国の補助率が削減されるので、医療費に対する国庫負担は、現在では30％程度とみられ、1984年から国庫負担は額にして約 1 兆円が削減されたとの指摘がある[13]。国民健康保険への国庫負担をもとの医療費40％の水準に戻せば、約 1 兆円の公費増となり、国民健康保険料を協会けんぽ（健康保険協会管掌健康保険。主に中小企業の被用者が加入）の平均保険料並みへ引き下げることが可能となる。そして、将来的には、応益負担部分の廃止、所得に応じた定率負担にするなどの抜本改革が不可欠である。

　被用者保険についても、前期高齢者の医療費調整制度、後期高齢者支援金に対して公費負担を導入し、協会けんぽの国庫補助率を健康保険法本則の上限20％にまで引き上げ（健康保険法153条）、保険料を引き下げる必要がある。そのうえで、被用者保険の標準報酬の上限の引き上げ・段階区分の見直しを行い、相対的に負担が軽くなっている高所得者の負担を強化すべきである。厚生年金の標準報酬月額の上限を、現行の62万円から健康保険と同じ139万円に引き上げるだけで1.6兆円の保険料増収が見込めるという試算もある[14]。ただし、年金では、保険料に比例して受給額も上がるため、高所得者については保険料が増えた場合の受給額の増大カーブを段階的に緩やかにしていく仕組みの導入が必要となろう。

　また、社会保障費の増大に対応して保険料率の引き上げを行う場合には、原則折半になっている労使の負担割合の見直しを同時に行うべきである。具体的には、中小企業には一定の補助を与えることを前提条件として、事業主負担と被保険者負担の比率を 7 対 3 程度とするなど、社会保険料の事業主負担部分を増やす方向で増収をはかるべきであろう。将来的には、その財源は、社会保険料の事業主負担を企業利益に応じた社会保障税として調達する方法が有効と考える。

13　神田敏史・長友薫輝『新しい国保のしくみと財政―都道府県単位化で何が変わるか』（自治体研究社、2017年）85頁（神田執筆）参照。

14　垣内亮『「安倍増税」は日本を壊す』（新日本出版社、2019年）150頁参照。

　なお、年金保険については、厚生年金保険料の事業主負担増のほかにも、国民保険料の減免の範囲を拡大し、保険料免除の場合も満額支給とするなどの配慮が必要であろう。さらに、年金積立金の取り崩しによる給付水準の引き上げなどの方策が考えられる。そして、高齢期（65歳以上）の貧困防止のための基礎所得部分の保障は、社会保険方式ではなく、最低保障年金として税方式で行うべきであろう（第5章6参照）。

(2) 窓口負担の軽減、将来的な廃止

　医療保険・介護保険については、保険料負担とともに、受診（サービス利用）時に定率の自己負担（応益負担）が存在し、この軽減が、感染症対策としても不可欠であることは前述したとおりである（第1章4参照）。

　そもそも、医療保険の給付は、療養の給付（現物給付）を基本としていることから、医療保険の一部負担金を課す必然性はなく、政策的に設定されたものである。将来的には、廃止すべきであろう。当面は、国民健康保険の一部負担金の免除対象を住民税非課税世帯に拡大するなどの減免制度の拡充が必要と考える。国民健康保険法44条の一部負担金の減免等の理由となる収入の減少は、一時的なものであるとしながら、国民健康保険の社会保障制度としての性質を考慮すれば、一部負担金の支払いが困難であったことや支払いが困難になった事情および経緯等、考慮すべき被保険者の個別的事情を考慮せずに一定期間の経過をもって、一部負担金の減免の申請を却下した処分は、裁量権の逸脱・濫用があるとして、取り消した裁判例があり（札幌高判2018年8月22日賃社1721＝1722号95頁）、今後の運用改善の手がかりとなりうる。

(3) 介護保険と後期高齢者医療制度は税方式へ転換、医療保険の再構築

　もっとも、介護保険料についていえば、住民税の非課税者は65歳以上の第1号被保険者の約6割にのぼり、これらの高齢者の介護保険料をすべて免除とすれば、もはや保険制度として成り立たないだろう（保険集団の半分以上の人が保険料免除となる制度を社会保険といえるかという問題！）。このこ

とは、そもそも、リスク分散ができないという点で、高齢者が保険集団となる介護保険という制度設計に無理があることを意味している（40歳から64歳までの人も第2号被保険者としているが、実質的には給付がなされることがないので、高齢者介護保険といってよい）。

　同様に、後期高齢者医療制度は、医療が必要となるリスクが高いうえに、収入が年金だけの人が大半で、保険料支払能力の低い高齢者のみで保険集団を構成しており、リスク分散の機能が働かず、制度設計として合理性に欠ける。実際に、高齢者の保険料だけでは、高齢者医療給付費の1割程度しか賄えず、大半を公費と現役世代からの支援金（後期高齢者支援金）に依存している。この支援金が、高齢化の進展とともに、年々増額し、健康保険組合の財政を圧迫し、解散に追い込まれる組合も増大しており、支援金に多くを依存する後期高齢者医療制度は限界を迎えている。

　高齢者の介護保障・医療保障を社会保険方式で行うことに、そもそも無理があるといってよい（保険になじまない！）。高齢者の介護保障・医療保障については、税方式への転換が課題となる（第2章6参照）。年金から天引きされる介護保険料や後期高齢者医療保険料がなくなるだけでも、年金生活者の生活は各段に楽になるはずである。そして、介護保険については、税方式への転換により保険料負担はなくなるが、利用者負担についても、福祉サービスとして無償化を実現すべきである。

　医療保険については、前述のように、高齢者医療は税方式に転換し、現在の国民健康保険、被用者保険の並列状態を維持しつつ、国民健康保険への公費投入を増やしていくべきと考える。そのうえで、70歳以上の高齢者と乳幼児については医療費の無料化を、国レベルで実現すべきである。乳幼児の医療費無料化は、現在、すべての自治体で実施されているものの、償還払い（いったん立て替えて、後で償還される方式）による方式をとっている自治体もあり格差がみられる。まずは全国レベルで、償還払いによらない現物給付の形での医療費無料化を実現する必要がある。

　そして、将来的には、政府を保険者とし、すべての国民を対象とする医療保険制度を構築し、収入のない人や住民税非課税の低所得者については保険料を免除し、10割給付の医療保障（医療費の自己負担なし）を実現すべきと考える。

岐路に立つ日本の社会保障
―課題と展望

　最終章の本章では、これまで提言してきたような社会保障の充実や税制改革の対案について、その実現可能性を、コロナ禍での政治状況を時系列的に辿ることで明らかにし、政治的課題を含めた課題と展望を探る。

1　社会保障・税制改革の実現可能性

　本書で提言してきた社会保障の充実に向けての対案や税制改革案の実現可能性はあるのだろうか。結論から言えば、現在の自公政権が続く限り、その実現可能性はゼロといっていい。

　とくに、税制改革のうち、法人税改革については、現在の不公平税制そのものが、大企業の既得権化しており（たとえば、「受取配当金等の益金不算入制度」は株式投資に力を入れている大企業にとっては既得権益そのものである）、大企業が中心をなす財界の強い反対と抵抗にあうのは確実といえる。そして、自民党自体が大企業から多額の政治献金を受け取っている事実がある以上、自公政権が、こうした既得権益にメスをいれるような改革ができるはずもない。政治献金の見返りに、大企業は法人税減税という恩恵を受けていることを考えると、この類の献金は一種の「賄賂」といってもよい[1]。

　大企業の役員である高所得者や富裕層の猛烈な反対が確実視される所得税

1　2015年12月の「公正な税制を求める市民連絡会」の結成１周年集会での宇都宮健児弁護士の発言。

改革や金融所得課税の強化、富裕税の創設も同様である。高所得者ほど、稼得した収入の多くを消費ではなく、貯蓄や投資に回す割合が高く、高所得者の所得には利子・配当・株式譲渡所得など金融所得が多いのが特徴であり、こうした所得には、前述のように、低い税率の分離課税が適用されるため、所得税の負担率が低くなっている（第6章5参照）。申告納税者の所得税負担率をみると、合計所得金額が200万円で2.6％、1000万円で10.6％としだいに上昇するが、1億円段階での28.3％をピークに、合計所得金額が高くなることはよく知られている。岸田文雄首相は、2021年の自民党総裁選挙において、このことを問題視して、金融所得への課税強化（税率の引き上げ）を公約に掲げたが、直後に株価が大幅に下がったこともあり、自民党総裁そして首相に選出されるやいなや、早々とこの公約を反故にしてしまった。それほど財界や富裕層の圧力が強いということだろう。タックスヘイブンの国際的な規制についても、自公政権は消極的である。

2　消費税をめぐる攻防

　消費税についてはどうか。前述のように、自公政権は、コロナ対策としての消費税減税すら行おうとしていない。現在、世界で90か国以上が付加価値税（消費税）の減税を行っており、それがコロナ対策として世界の常識になっているにもかかわらず、である。

　もっとも、消費税の減税はともかく、廃止となると、そんなことが本当にできるのかと大多数の国民が疑念を抱いているのも事実であろう。消費税を廃止した場合、増え続ける社会保障費をどうやって賄うのか、所得税・法人税の累進性の強化だけで、その税収を埋められるほどの財源になりうるのかなどといった疑念である。すでに導入から30年以上を経て、生まれたときには、あるいは物心ついたときには消費税が存在し、それが当たり前になっている人が国民の3割以上を占めるに至っている。社会保障の充実のためには消費税の増税が必要だ（いやそれしかない）という呪縛は依然として国民の

間に根強く、消費税廃止に向けてのハードルは高い。

　これに対して、福祉・医療・教育・子育て支援などの政府支出を賄うため、政府が国債を発行し、それを日本銀行（日銀）が買う形で、これらの社会保障支出を増やし充実させ、この分野での雇用を増大していけばよいとの提言もなされている[2]。独自の通貨発行権を持つ国は、債務の償還に充てる貨幣を無限に発行できるため、物価の急上昇が起きない限り、財政赤字が大きくなっても問題はないというMMT理論（Modern Monetary Theory ＝現代貨幣理論）の立場からの提言である。MMT理論は、EU政府の緊縮財政に対抗する反緊縮の経済理論として、欧米では一定の支持を集めているが、日本では、社会保障財源を借金に依存すべきではないという財政当局の考え方に真っ向から対立するためか、新聞等のメディアでも黙殺されてきた。しかし、近年、関連書籍も発行され注目されはじめている（MMT理論に対しては、インフレの進行を制御できるかという疑問も指摘されている）。

　消費税減税・廃止やMMT理論の議論に危機感を抱いた財務省をはじめとする消費税増税派の反撃も激化しつつある[3]。当分は、増税派と減税・廃止派との激しい攻防が続くだろうが、日本の貧困や格差を是正し、すべての国民に「健康で文化的な最低限度の生活を営む権利」を保障するためには、将来的に、消費税の廃止は不可避と考える。

2　松尾匡『この経済政策が民主主義を救う―安倍政権に勝てる対案』（大月書店、2016年）95-96頁参照。

3　典型的な消費税増税派の反論として、矢野康治「財務次官、モノ申す『このままでは国家財政は破綻する』」文藝春秋99巻11号（2021年11月号）92頁以下がある。もっとも、同論文での消費税引き下げへの批判は、時限的引き下げへの批判にとどまっており、反論にはなっていない。また、日本の純債務が国等の資産を考慮すれば400兆円程度にとどまり、国債の9割が日本銀行や国内で引き受けられていることから、日本が財政破綻に陥る可能性は低いことは、矢野氏が財務省の事務次官という職（当時）にあれば理解できているはずである。あえて「国家財政の破綻」という言葉を用いているのは、意図的な誇大宣伝というほかない。

3　政治状況と課題

(1)　衆議院総選挙では消費税減税が野党の共通政策にはなったが…

　2021年9月8日、立憲民主党、日本共産党、社会民主党、れいわ新選組の野党4党は「安保法制の廃止と立憲主義の回復を求める市民連合」と、衆議院総選挙に向けての野党共通政策の提言書（「衆議院総選挙における野党共通政策の提言─命を守るために政治の転換を」）に合意、署名した。提言には「3　格差と貧困を是正する」の中に「所得、法人、資産の税制、および社会保険料負担を見直し、消費税減税を行い、富裕層の負担を強化するなど公平な税制を実現」するとの項目が盛り込まれた。

　立憲民主党や国民民主党が支持基盤としている最大の労働組合である日本労働組合総連合会（連合）は、社会保障財源としての消費税に賛成の立場であり、また、両党には社会保障・税一体改革を推進した旧民主党議員も残っており、この時点では、消費税の廃止どころか5％の減税すらも野党の共通政策とすることは難しいと考えられていた。それだけに、野党第1党の立憲民主党が、消費税減税を含む野党共通政策の提言書に合意した意義は大きかった。国民民主党は提言書には加わらなかったが、消費税の減税は公約として打ち出した。ただし、あくまでコロナ禍の中での時限的な減税であり、この点は、立憲民主党も同様であった。

(2)　衆議院総選挙ではコロナ対策や消費税減税は争点とならず…

　そして、2021年10月4日、自民党総裁選を経て岸田文雄内閣が成立、同月14日に衆議院が解散され、31日の衆議院総選挙となった。衆議院総選挙では、立憲民主党と日本共産党を中心に「市民と野党の共闘」が進み、候補者の一本化が7割の小選挙区で実現したものの、結果は、自民党が、選挙前の議席

を減らしたとはいえ、単独で過半数の261議席を得て、公明党と合わせて与党で275の安定多数を確保し、11月10日の特別国会で、再び岸田氏が首相に指名され、第2次岸田政権が発足、自公政権が継続することとなった。

　与党の大勝は、救える命が救えない「医療崩壊」を引き起こした自公政権のこれまでの医療政策・コロナ対策の失敗が総選挙の争点にならず、岸田政権の掲げる「新自由主義からの脱却」「新しい資本主義」や「成長と分配」といった政策スローガンが、立憲民主党と政策的に似通っており、野党が政策の差別化を図ることが難しかったことが一因と考えられる。逆に言えば、与党のコロナ対策の争点外しの戦略が功を奏したといえよう。

　医療崩壊を引き起こした医療政策・コロナ対策が総選挙の争点とならなかったことは、大阪府が、人口100万人あたりの新型コロナによる死者数が全国一（2021年12月21日現在で、347.8人）と突出していたにもかかわらず（吉村洋文大阪府知事や当時の日本維新の会代表の松井一郎大阪市長のコロナ対策が明らかに失敗していたにもかかわらず）、大阪の選挙区を中心に、日本維新の会が41議席を獲得し大きく躍進したことに象徴的に表れている。

　同時に、消費税の減税についても、財務省の宣伝がきいたのか、マスメディアが取り上げることが少なかったためか、コロナ対策と同様、与党の争点外しが功を奏したのか、衆議院総選挙の主要な争点にはならなかった。野党の立憲民主党も、与党との政策の差別化をはかれた争点であったにもかかわらず、消費税に賛成する支持団体の連合の意向をくんだのか、あくまで消費税の時限的な引き下げにこだわり、減税の宣伝・争点化に消極的であった[4]。もっとも、コロナ禍で増大した生活困窮者への支援策が、これまで以上に大きな争点となり、与野党の政策に、臨時の給付金の支給のほか家賃補助、生活保護の利用拡大などが並んだことは注目される。ただし、この点も、与党と野党の政策の相違が明確ではなく、どの党に投票しても同じ政策なら、与党にという投票行動につながった。

4　この点については、伊藤周平「コロナ禍による医療崩壊―医療・保健政策の課題」世界953号（2022年）146-147頁参照。

(3) 続く参議院選挙でも消費税の争点化はならず…
―野党共闘の崩壊

　2022年に入ると、ロシアのウクライナ進攻による経済制裁と円安の影響で、エネルギー価格と生活必需品を中心に物価高が国民生活を圧迫しはじめた。物価高の対策として最も有効なのが消費税減税であり、同年7月の参議院選挙での争点化が求められた。岸田政権は、財務省の影響が強く消費税減税は打ち出さず（せず）、野党はこぞって消費税減税を主張しており、野党にとっては、与党との差別化・争点化がはかれる唯一の政策であった。

　先の衆議院総選挙では、小選挙区で前回衆議院選挙の対比でみると野党の議席は増えており、「市民と野党の共闘」による候補者の一本化は一定程度成功していた（野党の議席減は立憲民主党の比例議席減によるもの）。しかし、与党自民党は、日本共産党と連携した野党共闘は失敗だったと巧みな分断戦略を展開、マスコミもこれに便乗し、また、立憲民主党の最大の支持母体である連合が参議院選挙で「共産党と共闘する候補は推薦しない」との方針を打ち出したこともあり、立憲民主党は日本共産党との選挙協力を実質的に放棄することとなった。

　かくして、参議院選挙の勝敗を左右するとされる全国32の1人区で、野党が統一候補を立てることができたのは11選挙区にとどまった。国民民主党が政府予算案に賛成するなど与党自民党に接近、日本維新の会も独自路線をとるなか、事実上、野党共闘は崩壊した。衆議院選挙のような野党共通政策も結ばれることなく、消費税減税も野党がばらばらに主張し、争点化など望むべくもなかった。しかも、参議院選挙投票日の2日前の7月8日、安倍晋三元首相が、応援演説中に狙撃され死亡するという衝撃的な事件が起こり、自民党への同情票も集まり、参議院選挙は、1人区は与党自民党の28勝と圧勝におわり、自民党が63議席を獲得し、非改選議席と併せて119議席と単独で過半数の議席を獲得し大勝した。日本維新の会も改選議席を倍増させ、与野党の改憲勢力の議席は憲法改正の発議に必要な3分の2を超えた。

　もっとも、自民党は比例区では議席を減らしており、野党共闘が実現すれば、自民党は苦戦していたはずだ。参議院選挙後、自民党の茂木敏充幹事長

も、参院選勝利の要因として「野党の乱立、分裂」を挙げ、全体の結果を左右する32の改選１人区で野党が候補者を一本化していれば、前回2019年と同様に自民党が22勝10敗と野党系に苦戦していた可能性があるとの試算を明らかにしている。まさに野党勢力は戦わずして崩壊していたのである。

（4）自公政権の社会保障削減に歯止めを

　今後、衆議院の解散がないかぎり、2022年から３年間は国政選挙がなく、岸田政権は「黄金の３年間」といわれる政権安定期間を手に入れるはずであった。そして、安倍元首相の悲願だといって、軍備増強（その一方での社会保障の削減）と憲法改正に突き進む可能性があった。

　しかし、序章でみたように、2022年７月以降、感染力が強く免疫回避が顕著なオミクロンBA.5株により感染が急拡大し、第７波が到来、連日、全国で１日20万人をこす過去最大の感染者数、さらには世界一の感染者数となったのに、岸田政権は何も手を打とうとせず、その無策に、国民の不平、不満が高まった。

　また、安倍元首相の殺害事件を契機に、霊感商法や多額の献金の強要など反社会的活動を行っている旧統一教会（世界平和統一家庭連合）と自民党議員との（維新の会などの野党議員も）関係が次々と明らかになった。家庭の尊重を標ぼうする団体が、信者の家庭を崩壊させている実態が明らかになり、自民党という政党組織への不信が高まるとともに、安倍元首相の葬儀を法的根拠のない国葬とすることを閣議決定した岸田政権への批判が高まり、岸田政権の内閣支持率は急落、憲法改正どころではなくなり、潮目は大きく変わった。今後は、アベノミクスの経済政策や消費税増税の断行による貧困と格差の拡大、医療費抑制政策によるパンデミックに脆弱な医療提供体制・公衆衛生など、安倍政治がもたらした負の遺産の検証と批判を進めていくことで、自公政権の軍備増強と社会保障削減に歯止めをかけていく必要がある。

4　展望

　本書で明らかにしたように、コロナ危機を拡大させたのは、自公政権の進めてきた医療費抑制政策・公費抑制政策を中心とした社会保障の抑制・削減策であり、コロナ危機対応における政府の無策・失策の帰結といえる。そして、社会保障費の削減と制度の劣化により、貧困や格差が拡大、コロナ・パンデミックの被害は、雇用の悪化という形で、脆弱労働者やひとり親世帯、女性などに集中して現れることとなった。

　そのことを明確にしたうえで、社会保障の政策転換と社会保障の充実のために思い切った公費投入を行うべきである。その財源は、これまで述べてきたように、消費税の増税ではなく、所得税や法人税などの累進課税の強化で賄うべきであり、税制における応能負担原則を貫く必要がある。

　コロナ危機は、日本の社会保障のみならず、本書では十分触れることができなかったが、教育保障（高い学費とローン化する奨学金）の脆弱さをも可視化した。そして、アルバイト収入がなくなり経済的苦境にたたされている学生をはじめ、これまでになく多くの人が、声をあげはじめた（それだけ追い詰められている人が多いということだろうが）。

　発熱しても、また重症化しても治療どころか検査すら受けることができず、自宅療養を余儀なくされた人たちの怒りを、医療機関ではなく、政府の無策・失策に向けさせることができれば、これらの声が大きなうねりとなり、日本の政治を変えていく契機になるかもしれない。そのためには、コロナ対策にとどまらず、格差と貧困の解消、それを可能とする具体的な社会保障の拡充案、社会保障の財源確保のための所得税・法人税の累進性の強化、富裕層の金融所得や資産に対する課税強化、消費税の減税・廃止といった具体的な税制改革（現在の自公政権では実現しえない改革！）のスケジュール工程表を作成し、時間をかけて、訴えていく自民党に代わりうる政党やそれを支える市民の運動がいま求められている。

　社会保障の劣化をこのまま許して、消費税の増税が続き、低賃金労働がま

すます増大し、新型コロナのような新興感染症のパンデミックに脆弱で不安定な社会であり続けるのか、政治を変えて、社会保障を充実し、誰もが安心して暮らせる社会を実現できるのか、日本の社会保障、そして日本社会がまさにいま岐路に立っている。

あとがき

　本書脱稿後の2022年9月以降、新型コロナの第7波の爆発的感染拡大は、ようやくピークをすぎ、全国で新規感染者数も減少に転じた。2022年9月14日には、WHOのテドロス・アダノム事務局長が、世界的にコロナの収束が近づいているとの認識を示した。日本でも感染者数の減少が続く中、マスコミでは、1日の感染者数、死者数を報道することすら少なくなってきた。2022年10月11日からは、新型コロナの水際対策が大幅に緩和され、海外からの個人旅行が解禁され、3回のワクチン接種か出国前の陰性証明があれば入国時の検査がいらなくなった。政府は同時に国内旅行の代金を補助する「全国旅行支援」も始めた。しかし、10月下旬以降再び全国で感染者数が増加しはじめた。次の感染拡大への備えは十分なのか、再び医療崩壊が繰り返されることはないのか、不安に感じるのは私だけではないだろう。

　振り返れば、第7波では、国（政府）や東京都・大阪府など多くの自治体は、感染者数の推移を注視するというだけで、また国民に基本的な感染対策を呼びかけるだけで、全くの無策、傍観姿勢に終始した。岸田首相は、8月10日に内閣改造を行ったが、霊感商法や多額の献金要求などで問題視されている旧統一教会（世界平和統一家庭連合）と閣僚との関係が次々と明らかになり、その対応に四苦八苦で、コロナ対応どころではなくなっていたのだろう。これだけの緊急事態に直面しても、政府や自治体は、臨時の医療施設や宿泊療養施設を増設することなく、感染者の9割以上を自宅療養（自宅放置！）に追いやったまま、まん延防止等重点措置すら出そうとしなかった（自治体も要請すらしなかった）。重点措置の効果が疑問視されていることもあるが、営業制限等をかければ、事業者への補償が必要になるからではないか。岸田政権下では、財務省の影響力が増しているといわれており、これ以上のコロナ対策費は出したくない財務省の意向が強く働いていたと推察され

る。

　一方で、2022年9月の消費者物価指数は、前年同月比3.0%上昇し、31年1か月ぶりの高水準となった。記録的な円安も加わり、企業業績も悪化しつつあり、今後は、倒産や失業の増大が加速し、自殺者の急増が懸念される。それを防ぐ意味でも、本書で提言したような医療、雇用など社会保障の充実を早急にはかっていく必要がある。国民の命を守るため、防衛費（軍備費）ではなく、社会保障の充実にこそ多額の公費を投入すべきだ。

　社会保障の充実を実現するには、医療費抑制政策などの転換、さらには政治的転換が不可欠なのだが、2022年7月の参議院選挙の結果をみるかぎり、政治的転換（政権交代）どころか、政策転換すら絶望的に思えてくる。しかし、あきらめることなく、新型コロナのパンデミックに端を発した危機に立ち向かうための社会保障の再構築に向けて、そして、危機に対し有効な政策を実現できる政権の樹立をめざして、今後も研究を続けていきたい。

　最後に、本書の成立にあたっては、さまざまな形で多くの方々の助言や援助をいただいた。個々にお名前を挙げることはできないが、貴重な時間をさいて、お話を聞かせてくださった保育士や介護士の方々、さらに、生活保護基準引き下げ違憲訴訟の鹿児島の原告、原告団の弁護士、支援者の方々に、この場をかりて改めて感謝申し上げたい。そして、本書の企画の日本評論社への紹介の労をとっていただいた武井寛先生（龍谷大学教授）、瀧澤仁唱先生（桃山学院大学名誉教授）のお二人には深く感謝するとともに、日本評論社の串崎浩さんと武田彩さんには、企画の持ち込みと早期の出版を快く引き受けていただいたうえに、企画の段階から校正に至るまで大変お世話になった。厚くお礼を申し上げたい。

　　2022年10月

　　　　　　　　　　　　　　　　　　　　　　　伊藤　周平

索　引

210

216

218

【著者紹介】

伊藤周平（いとう・しゅうへい）

鹿児島大学法文学部教授。専攻は社会保障法。1960年生まれ。

［主な著作］

『介護保険法と権利保障』法律文化社、2008年、日本社会福祉学会学術賞受賞

『後期高齢者医療制度－高齢者からはじまる社会保障の崩壊』平凡社新書、2008年

『消費税が社会保障を破壊する』角川新書、2016年

『社会保障入門』ちくま新書、2018年

『「保険化」する社会保障の法政策－現状と生存権保障の課題』法律文化社、2019年

『消費税増税と社会保障改革』ちくま新書、2020年

『社会保障法－権利としての社会保障の再構築に向けて』自治体研究社、2021年

『コロナ禍からみる日本の社会保障－危機対応と政策課題』自治体研究社、2022年

きろ　た　　　　にほん　　しゃかい ほ しょう
岐路に立つ日本の社会保障
　　──ポスト・コロナに向けての法と政策
　　　　　　　　　　　　　　む　　　　ほう　せいさく

2022年12月10日　第1版第1刷発行

著　者　　伊藤周平

発行所　　株式会社　日本評論社

　　　　　〒170-8474 東京都豊島区南大塚3-12-4
　　　　　電話 03-3987-8621　　FAX 03-3987-8590
　　　　　振替 00100-3-16　　　https://www.nippyo.co.jp/

印刷所　　精文堂印刷株式会社

製本所　　株式会社難波製本

装　幀　　銀山宏子

検印省略　ⓒ S. ITO 2022

ISBN978-4-535-52695-2　　　Printed in Japan